跨境电商

钟雪莹◎编著

群言出版社
QUNYAN PRESS
·北京·

图书在版编目（CIP）数据

跨境电商 / 钟雪莹编著 . -- 北京：群言出版社，
2025. 4. -- ISBN 978-7-5193-1077-6

Ⅰ . F713.36

中国国家版本馆 CIP 数据核字第第 2025NP0063 号

责任编辑：李　群
封面设计：仙境设计

出版发行：群言出版社
地　　址：北京市东城区东厂胡同北巷 1 号（100006）
网　　址：www.qypublish.com（官网书城）
电子信箱：qunyancbs@126.com
联系电话：010-65267783　65263836
法律顾问：北京法政安邦律师事务所
经　　销：全国新华书店

印　　刷：三河市金泰源印务有限公司
版　　次：2025 年 4 月第 1 版
印　　次：2025 年 4 月第 1 次印刷
开　　本：710mm×1000mm　　1/16
印　　张：12
字　　数：174 千字
书　　号：ISBN 978-7-5193-1077-6
定　　价：59.80 元

目 录
CONTENTS

第一章

跨境电商——
一片波涛汹涌的蓝海

1.1 跨境电商是什么

简单来说，跨境电商就是不同国家的卖家和买家通过网上平台进行交易的一种国际商业活动。买家在网上下单并完成支付，卖家随后通过跨境物流将商品送到买家手中，完成整个交易过程。以下两个例子将有助于我们更好地理解跨境电商的概念。

案例一

位于中国深圳的消费电子品牌 Anker（安克）。Anker 主要通过亚马逊平台销售其移动电源、充电器、数据线等电子产品到全球市场。借助亚马逊平台，Anker 不仅能够直接接触到大量国际买家，还利用亚马逊的 FBA（Fulfillment by Amazon，亚马逊物流）服务，实现了快速物流配送和高效客户服务。Anker 在跨境电商领域的成功，使其品牌在全球范围内赢得了广泛的知名度和忠实的用户群体，销售额逐年攀升，成为中国品牌"出海"的典范。

案例二

英国的小型家居用品品牌 Joseph Joseph。Joseph Joseph 通过亚马逊全球开店项目，将其创新的厨房和家居用品销售到日本和德国市场。借助亚马逊强大的物流网络和品牌影响力，Joseph Joseph 不仅扩大了市场份额，还提升了品牌知名度，实现了销售额的显著增长。通过跨境电商平台，Joseph Joseph 能够直接向国际消费者展示产品，并通过数据分析洞察市场需求，进而调整产品策略，最终在国际市场上取得成功。

跨境电商具有很多优势。首先，企业可通过电子商务平台以低成本、高效率进入国际市场，不必依赖传统中介和繁杂的手续。传统国际贸易往往需要经由复杂的分销渠道，而跨境电商则能够直接将产品从生产商处送到消费者手中，大幅降低了成本，缩短了时间。比如，深圳的 Anker 品牌利用亚马逊平台销售移动电源等产品，省去了诸多中间环节，并通过亚马逊的物流服务快速地将产品送达全球客户。

其次，跨境电商平台提供了全面的服务支持，包括物流、支付和营销等，使企业能够专注于产品开发和客户服务。以亚马逊为例，卖家只需将产品发往亚马逊仓库，后续的仓储、包装、配送和售后服务均由亚马逊负责。这样，卖家可以减轻运营压力，提升配送效率，同时提高客户满意度。

再次，跨境电商具有市场响应速度快、销售渠道多样化、数据驱动决策等特点，助力企业更灵活地应对市场变化和满足消费者需求。借助电商平台，企业能够实时获取市场反馈和销售数据，迅速调整产品策略和营销方案，以适应不同市场的需求。

最后，全球跨境电商市场的前景非常广阔。数据显示，全球跨境电商市场规模在不断扩大，特别是在新兴市场，其增长速度更是迅猛异常。亚洲、拉丁美洲和非洲等地区的消费者对国际品牌和产品的需求与日俱增，这为跨境电商企业带来了巨大的市场机遇。

在进一步分析跨境电商的运营模式前，我们有必要先了解其主要环节。这些环节包括跨境开店、跨境支付以及跨境物流等，它们共同构成了跨境电商业务成功的基础。

1. 跨境开店

在众多跨境电商平台中，亚马逊无疑是最具代表性和影响力的。通过亚马逊平台，卖家可以将产品销售至全球，同时享受平台提供的物流、支付、客户服务等一系列支持服务。

"亚马逊全球开店（Amazon Global Selling）"项目为跨境卖家提供了一站式的解决方案，包括账号注册、产品上架、物流配送到售后服务的全方位支持。通过这个项目，卖家可以利用亚马逊的全球物流网络，快速且安全地将产品送达全球消费者。此外，亚马逊还提供了多种推广和数据分析工具，帮助卖家优化产品 Listing（详情页），提高产品曝光率和销售转化率。

2．跨境支付

跨境电商的核心在于支付和物流环节。在支付方面，如何选择安全高效的支付通道、设计合规的支付系统、有效管理跨境收款和结汇，都是企业必须解决的问题。例如，支付服务提供商（如 PayPal、Stripe、WorldFirst 等）为跨境电商企业提供了便捷的支付解决方案，帮助简化跨境收款与结汇的流程。

3．跨境物流

跨境电商的另一个重要环节是跨境物流。高效的物流系统是确保跨境电商业务顺利进行的关键因素之一。传统国际物流通常需要较长的运输时间和复杂的手续，而跨境电商物流则通过整合全球物流资源，实现快速、便捷的配送服务。以亚马逊 FBA 服务为例，卖家只需将产品发往亚马逊仓库，亚马逊便负责包括仓储、包装、配送和客户服务在内的后续流程。这种做法不仅提高了物流效率，还提升了买家的购物体验。

综上所述，跨境电商作为现代国际贸易的重要形式，具有广阔的市场前景和巨大的发展潜力。通过跨境电商平台，企业能够以低成本、高效率的方式进入国际市场，直接与全球消费者建立联系，实现销售增长和盈利。无论是深圳的 Anker，还是英国的 Joseph Joseph，这些品牌都通过跨境电商实现了成功，凸显了跨境电商在推动企业全球化发展中的重要作用。

通过系统的学习和实践，跨境电商从业者可以快速提升运营能力，实现品牌的全球化扩张，有效助力中国品牌"出海"，在国际市场上占据一席之地。

1.2 B2B 跨境电商与 B2C 跨境电商

在跨境电商领域，B2B（Business to Business，企业对企业）和 B2C（Business to Consumer，企业对消费者）是两种主要的业务模式。尽管它们都涉及跨境交易，但各自有不同的定义和运营模式，适用于不同的企业类型和市场需求。

一、B2B 跨境电商的定义与特点

B2B 跨境电商指的是企业与企业之间的跨境交易。这种模式通常涉及大量的批发业务，企业通过电子商务平台或专门的 B2B 交易平台（如阿里巴巴国际站、环球资源等）与其他企业进行大宗商品的买卖。其特点包括如下几点。

大宗交易：在 B2B 模式下，产品通常是以批量为单位进行销售的，单笔订单的金额较大，交易频率较低。

复杂的供应链：B2B 交易往往涉及更为复杂的供应链管理，包括多方参与的生产、物流、仓储和配送环节等，物流周期较长。

定制化需求：企业买家通常有特定需求，如产品规格、包装和品牌标识的定制，B2B 供应商需要具备满足这些个性化需求的能力。

长周期的客户关系：B2B 交易更注重长期客户关系的发展，一旦合作关系建立，企业间通常会保持长期的合作伙伴关系。

合同和信用：B2B 交易中，合同条款和信用评估尤为重要，交易双方通常通过签订详细的合同来保障交易的顺利进行。

案例

Canton Fair Online（网上广交会。Canton Fair：中国进出口商品交易会，简称"广交会"）就是一个典型的 B2B 平台。广交会是中国最大的国际贸易展览会之一，近年来，推出了线上平台"Canton Fair Online"，以适应 B2B 跨境电商的发展。通过这一平台，来自全球的卖家和买家可以在线展示商品和进行采购，解决了传统展会只能在展会期间进行交易的问题。广交会的线上平台不仅帮助中小企业进入国际市场，还降低了参展成本。例如，来自印度的采购商可以通过这个平台轻松找到合适的供应商，无须亲自到现场参展，从而节省了时间和费用。

此外，还有阿里巴巴旗下的 1688 平台。它主要服务于中国国内的 B2B 交易，但也支持跨境电商功能。例如，埃及的零售商可以通过 1688 平台采购中国制造的家居用品，并通过国际物流将这些产品销售到埃及市场。1688 平台的优势在于它能够提供丰富的供应商信息和产品数据，买家可以依据平台上的评价和数据做出选择。此外，1688 平台还提供了多种支付方式和物流解决方案，方便了跨境交易的操作。

二、B2C 跨境电商的定义与特点

B2C 跨境电商则是指企业直接面向消费者进行的跨境零售交易。这种模式通过电子商务平台（如亚马逊、eBay、速卖通等）将商品直接销售给全球消费者。其特点包括如下几点。

零售交易：在 B2C 模式下，产品通常是以单件或小批量销售，订单金额相对较小，交易频率较高。

简化的供应链：相比 B2B，B2C 的供应链相对简单。企业通常通过第三方物流将产品直接配送给消费者，配送周期较短。

标准化产品：B2C 交易的产品通常是标准化的，即不提供针对个别消费者的定制服务。企业通过平台发布产品，消费者可以直接选择购买。

广泛的客户基础：B2C 面向全球市场，客户群体广泛。企业通过网络广告、社交媒体等手段获取客户。

便捷的支付与售后服务：B2C 电商平台通常提供多种支付方式和售后服务，使消费者轻松完成支付并获得售后支持。

☞ 案例

在 B2C 跨境电商领域，百雀羚是另一个成功的中国品牌案例。

作为一个主打东方美学的高端化妆品品牌，百雀羚凭借其独特的产品设计和品牌故事，在国际市场上迅速脱颖而出。

百雀羚通过在亚马逊、天猫国际等平台销售其化妆品，成功地将中国传统文化与现代美妆结合的理念推向了全球消费者。其产品（如三生花护肤和三生花洗护）不仅在国内受到广泛欢迎，也在欧美市场赢得了大批消费者的青睐。

百雀羚特别注重品牌的国际化推广，通过与全球知名的美妆博主和社交媒体达人合作，积极开展线上营销活动，大幅提升了其在国际市场的品牌知名度。同时，通过参与全球大型美妆展会和促销活动，百雀羚加深了与国际消费者的互动，拓展了市场份额。

百雀羚还注重品牌在海外市场的本地化运营。通过建立海外仓库，百雀羚不仅加快了订单处理和配送速度，还降低了跨境物流成本，显著提升了消费者的购物体验。如今，百雀羚已成为中国美妆品牌在国际市场上的一张亮丽名片，为其他希望进入国际市场的中小企业提供了宝贵的经验。

总体而言，B2B 和 B2C 跨境电商在定义、特点和运营模式上存在显著区别，适用于不同的企业类型和市场需求。中国企业在这两种模式下均取得了显著的成就，利用电子商务平台成功开拓了全球市场。对于中小企业而言，B2C 跨境电商，尤其是通过亚马逊平台开店，是进入国际市场的有效途径。通过合理利用亚马逊提供的各种工具和服务，中小企业可以大幅提升其在国际市场上的竞争力，实现跨境电商的成功。

1.3 跨境电商的市场前景

跨境电商近年来在全球市场上迅速崛起，成为国际贸易中不可忽视的重要力量。随着数字化、全球化进程的加速，跨境电商已经从新兴的商业模式发展成为全球贸易的关键组成部分，为企业和消费者带来巨大机遇和便利。

一、市场规模与增长趋势

跨境电商的市场规模在过去几年显著扩大。据统计，2023 年全球跨境电商市场规模已达到 4.8 万亿美元，并预计到 2025 年将超过 6 万亿美元。这一增长主要受以下几个因素推动。

全球化进程加快：随着全球化进程的加快，国际贸易的边界越来越模糊。互联网和物流技术的进步使得跨国交易变得更便捷，推动了跨境电商市场的扩张。

数字化转型：企业的数字化转型为跨境电商的发展提供了有力支持。许多传统企业通过搭建在线平台或入驻跨境电商平台，将其业务拓展至全球市场。这一趋势不仅提升了企业的全球竞争力，也推动了跨境电商市场的增长。

消费者需求多样化：随着消费水平的提升和消费者需求的多样化，越来越多的消费者渴望从全球市场中寻找独特的商品和服务。这种需求促进了跨境电商平台的发展，满足了消费者对全球商品的购买需求。

新兴市场崛起：除了欧美市场，亚洲、非洲等新兴市场的崛起也为跨境电商带来了新的增长机遇。例如，中国的跨境电商市场近年来增长迅速，已成为全球最大的跨境电商市场之一。新兴市场的崛起为跨境电商平台提供了更多的业务机会。

二、市场分析与具体数据

跨境电商出口的起步：最初，跨境电商出口是由中小卖家在 eBay 上向国外消费者出售低价的中国制造商品。经过近十年的发展，跨境零售出口已形成规模。根据 eBay 财报显示，2015 年 GMV（Gross Merchandise Volume，商品交易总额）为 800 亿美元，其中中国卖家贡献了 30% 的销售额。考虑到超级卖家（如有棵树、傲基等）的业绩，Amazon、eBay、Aliexpress、Wish 这四大平台仍然是主要的销售渠道，跨境零售出口总额约为 700 亿美元。

平台占比与销售额：市场数据显示，Amazon 在全球跨境电商市场中占有较大份额。2022 年，Amazon 的跨境电商销售额约占全球市场的 38%，而 eBay、Aliexpress 和 Wish 分别占据了 13%、9% 和 5% 的市场份额。虽然新兴平台（如 Lazada、Cdiscount 和 Jet 等）正在快速增长，但其市场占比相对较小。

新兴市场增长潜力：东南亚和非洲市场的电商发展具有较大的潜力。例如，东南亚电商市场在 2022 年的规模就已达 900 亿美元，预计到 2025 年将增长至 1720 亿美元。尽管非洲市场的电商规模目前较小，但其增长潜力巨大，预计到 2025 年电商规模将达到 750 亿美元。

三、跨境电商相较于传统贸易的新进步

相较于传统贸易，跨境电商具有更高的灵活性和较强的市场覆盖能力。

增长潜力：跨境电商的增长潜力巨大，其未来前景非常吸引人。大量中国卖家已经涌入这一市场，形成了竞争态势。尽管市场竞争加剧，但得益于政策红利、供需旺盛、资本投入以及物流和支付系统的完善等，市场增长势头仍将持续。

市场挑战与机会：跨境电商的成功不再仅依靠较早地进入市场，而是需要依托品牌建设、精细化运营和海外仓库。随着商家涌入和产品同质化加剧，跨境电商未来将更加依赖品牌和运营能力的叠加。

四、未来展望

跨境电商的未来发展将继续由全球化、数字化和消费者需求的多样化所驱动。企业需要不断适应市场变化，提高运营效率和服务质量，以应对激烈的市场竞争。以下是未来跨境电商发展的几个关键方向。

智能化运营：利用 AI 和大数据技术提高运营效率和客户体验，实现智能推荐、精准营销和高效的库存管理。

多元化市场拓展：积极开拓新兴市场，特别是东南亚、非洲和拉丁美洲等地区，寻找新的增长机会。

品牌建设与差异化竞争：重视品牌建设，通过提供高质量的产品和服务来赢得消费者信任，并构建差异化的竞争优势。

绿色与可持续发展：实施绿色物流和环保包装，强化企业社会责任，满足消费者对可持续发展的需求。

1.4 跨境电商的主要平台

　　跨境电商的兴起催生了一系列电子商务平台，为企业提供了一个进入全球市场的机会。这些跨境电商平台通常提供商品展示、交易、支付、物流等一站式服务，简化了企业的国际贸易流程。以下是一些在全球范围内具有广泛影响力和市场份额的主要跨境电商平台的介绍。

一、亚马逊全球开店

　　亚马逊全球开店是目前全球最大的跨境电商平台之一。它为卖家提供了进入全球市场的机会，覆盖日本、澳大利亚等国家，以及北美洲、欧洲等地区。亚马逊的优势在于其庞大的用户基础和完善的服务体系，包括强大的物流网络、高效的支付系统以及全面的售后服务。亚马逊全球开店的特点和优势如下。

　　广泛的市场覆盖：亚马逊平台覆盖多个国家和地区，使得卖家能够将产品销售到全球。

　　强大的品牌影响力：作为全球知名的电商平台，亚马逊的品牌效应帮助卖家赢得消费者的信任，增加销售量。

　　FBA 物流服务：亚马逊的 FBA 服务帮助卖家处理库存管理、订单履行和客户服务，提升配送效率和客户满意度。

　　数据分析与广告工具：亚马逊提供丰富的数据分析工具和广告选项，帮助卖家优化产品展示，提高销售转化率。

　　适用场景：亚马逊适合各种规模的企业，特别是那些希望快速进入国际市场并利用其强大品牌效应的企业。

二、eBay

eBay 是另一个全球知名的电商平台，拥有广泛的国际市场覆盖。eBay 主要面向个人卖家和中小企业，通过竞拍和固定价格的形式销售商品。eBay 的全球站点遍布美国、英国、德国、澳大利亚等 190 多个国家，为卖家提供了众多的市场准入机会。eBay 的特点和优势如下。

多样化的商品类别：eBay 的商品种类繁多，从电子产品到收藏品等，应有尽有。

灵活的销售模式：eBay 允许卖家选择竞拍或固定价格的销售方式，提高了交易的灵活性。

广泛的买家基础：eBay 拥有庞大的国际用户群体，有助于卖家迅速扩大销售范围。

适用场景：eBay 适合中小型企业和个人卖家，尤其是那些有多样化商品或特殊商品的卖家。

三、阿里巴巴国际站（Alibaba International）

阿里巴巴国际站主要服务于全球中小企业。该平台提供的服务包括供应商展示、买家与卖家匹配、在线交易、跨境支付和物流解决方案。阿里巴巴国际站汇集了来自全球各地的采购商和供应商，覆盖了广泛的商品类别。阿里巴巴国际站的特点和优势如下。

全球供应链网络：连接全球的供应商和采购商，提供丰富的商品选择。

B2B 专注：专注于 B2B 交易，提供专业的采购和批发服务。

信用保障：阿里巴巴的信用保障服务确保买家和卖家进行更安全的交易。

适用场景：阿里巴巴国际站适合中小企业，尤其是那些寻求大宗采购和批发销售机会的企业。

四、速卖通（AliExpress）

速卖通是阿里巴巴集团旗下的全球零售电商平台，主要面向个人消费者和小型零售商。平台上汇集了来自中国及其他国家的供应商，提供种类繁多的商品。速卖通支持多语言和多币种交易，为全球买家提供便捷的购物体验。速卖通的特点和优势如下。

全球直销：速卖通支持全球范围内的商品销售，覆盖广泛的消费市场。

多样化的商品选择：平台上有丰富的商品类别，满足不同消费者的需求。

买家保障计划：提供买家保障计划，确保消费者的购物安全和满意度。

适用场景：速卖通适合个人卖家和小型企业，特别是那些想要以低成本进入国际市场的企业。

五、Wish

Wish 是一个专注于移动电商的跨境平台，主要市场包括北美洲和欧洲。Wish 以其低价商品和个性化推荐算法著称，吸引了大量的年轻消费者。平台上的商品以消费电子、时尚服饰和家居用品为主。Wish 的特点和优势如下。

移动优先：Wish 专注于移动设备用户，提供友好的界面和流畅的购物体验。

个性化推荐：Wish 利用算法为用户推荐个性化商品，提高购买率。

价格竞争力：平台上的商品价格通常较低，吸引了对价格敏感的消费者。

适用场景：Wish 适合中小卖家，尤其是那些拥有成本优势的供应商。

六、Etsy

Etsy 是一个专注于手工艺品、复古商品和独特商品的电商平台。Etsy 的市场主要在北美洲和欧洲，吸引了大量的艺术家、手工艺人和小型创意企业。平台上的商品包括手工制品、古董、艺术品、工艺品和独特设计的商品。Etsy 的特点和优势如下。

创意与独特性：Etsy 以独特的手工制品为特色，吸引了追求个性化和独特商品的消费者。

社区氛围：Etsy 营造了一个友好的社区氛围，鼓励卖家与买家之间的互动。

品牌塑造：Etsy 为卖家提供了品牌展示的平台，有助于建立品牌忠诚度。

适用场景：Etsy 适合创意工作者、小型企业和手工艺品卖家，特别是那些专注于独特产品的供应商。

七、Shopify

Shopify 是一个给商家提供电子商务相关方案的平台，允许企业建立和运营自己的在线商店。Shopify 本身不是一个跨境电商平台，但其灵活的架构和强大的插件生态系统，使得商家能够轻松实现跨境支付、国际物流和多语言支持的集成，从而开展全球业务。Shopify 适合各种规模的企业，尤其是那些注重品牌形象和客户体验的商家。

八、京东国际（JD Worldwide）

京东国际是中国电商巨头京东旗下的跨境电商平台，提供多样化的国际商品，涵盖电子产品、服装、食品和化妆品等多个类别。其特色在于强大的物流能力和严格的质量控制，为消费者提供优质的跨境购物体验。通过全球购和海外仓库等模式，京东国际不仅便利海外品牌进入中国市场，还确保了产品的快速配送和优质售后服务。该平台为中国消费者提供了丰富的国际商品选择，同时也为全球品牌进入中国市场提供了有效渠道。

这些跨境电商平台各具特色，覆盖了不同的市场和消费群体。选择合适的平台不仅取决于企业的产品类型和目标市场，还需要考虑平台的服务能力、费用结构以及市场营销策略。通过合理利用这些平台，企业可以实现全球市场的快速扩张，提升品牌知名度和销售业绩。随着全球电子商务的不断发展，跨境电商平台将在未来发挥更加重要的作用，帮助企业和消费者跨越地理和文化的界限，实现无国界的商业互动。

第二章

跨境电商的
未来发展趋势

2.1 跨境电商的新兴趋势

随着全球化和数字化的发展，跨境电商面临着政策、市场、运营和融资等多方面的挑战与机遇。以下将探讨跨境电商的新兴趋势，并通过墨镜品牌GM（Gentle Monster）的案例来分析跨境电商的未来前景。

一、政策环境的影响与适应

政策因素：政策对跨境电商的发展有着深远的影响。在国内，新政策通常强调合理性，采取"先发展后规范、先试点后推广"的方式分步实施。地方政府大力支持跨境电商的发展，帮助外贸企业提升能力、实现转型，推动外贸电商在全国范围内的蓬勃发展。

企业应对：为了适应政策变化，企业应构建灵活的运营模式，及时调整战略。

案例

在中国市场新政出台后，GM迅速调整了其供应链，利用保税区的优惠政策有效降低了成本，提高了市场竞争力。

二、市场竞争与用户需求的变化

市场竞争：跨境电商市场竞争日趋激烈，特别是在中国国内电商市场。传统的价格战策略已不再有效，电商平台必须围绕核心用户寻找盈利点，从"能卖什么"转变为"用户需要什么"。满足用户多元化、个性化和情感需求的选品成为关键。

用户需求：随着跨境用户需求的不断升级，电商平台需要在模式、选品、转化率等方面下功夫，以培养用户忠诚度。依靠低价吸引用户的策略已不足以维持竞争优势，电商平台未来将更多地关注用户体验和产品质量。

👉 案例

GM 通过精准分析用户需求，推出了一系列个性化、高品质的墨镜，这提升了用户的满意度和复购率。GM 还通过优化物流和售后服务，进一步增强了用户黏性。

三、社交电商与网红经济的崛起

社交电商和网红经济正在成为跨境电商的重要发展方向。

社交平台购物：通过在社交媒体平台上集成购物功能，实现了内容与购物的无缝融合。例如，Facebook 和 Instagram 推出的购物功能，使用户能够直接在社交平台上浏览和购买产品，提高了购物的便捷性。

网红带货：借助网红的影响力和粉丝基础，进行产品推广和销售，提升了品牌知名度和销售额。例如，GM 通过与中国网红李佳琦合作，在直播中带货，单场直播的销售额达到数亿元人民币，极大地提升了品牌知名度，推动了产品销量的增长。

四、运营效率与供应链管理

运营效率：跨境电商的成功离不开高效的运营和管理。提高供应链效率和保障资金流是企业生存和发展的关键。进口供应链与销售链的关键节点在于提高运营效率，确保资金流的顺畅。

供应链管理：供应链竞争日益激烈，依靠技术手段进行创新和回归零售本质是关键。跨境电商企业需要减少对跨境标签的依赖，拓宽商品渠道和增加商品品类，以减少政策波动带来的影响。

案例

GM 通过建立智能仓储系统和优化物流网络，显著提高了供应链效率并降低了运营成本。通过与东南亚多家供应商的合作，确保了货源的稳定和交付的速度。

五、战略规划与资本运作

战略规划：早期，许多跨境电商企业投入大量资金进行进口布局，发展方向较为单一。目前，资本市场对进口跨境电商企业的投资变得谨慎，考验企业核心竞争力的关键时刻已经到来。跨境电商企业需避免照搬国内传统电商模式，而应从自身优势出发，精准定位市场。

资本运作：并购和融资是跨境电商企业发展的重要手段。通过资本运作，企业能够快速扩大业务范围，提升市场竞争力。同时，企业应着力打造无法被取代的独特的产品体验，确保长期的竞争优势。

案例

GM 通过与多家国际知名品牌合作，提升了产品质量和品牌影响力。通过这些合作，GM 不仅提高了产品的技术含量和设计水平，而且通过品牌联名的方式，进一步扩大了市场影响力。在 2023 年，GM 与 Ray-Ban 合作推出的联名款在全球市场上获得了巨大成功，当年全球销售额达到了 1 亿美元。此外，GM 通过成功的融资和并购，扩大了市场份额，巩固了市场地位。数据显示，2023 年，GM 在美国市场的销售额为 5000 万美元，占其全球销售额的 50%；在欧洲市场的销售额为 3000 万美元，占比 30%；在亚洲市场的销售额为 2000 万美元，占比 20%。

1. 品牌定位

GM 定位为高端墨镜品牌，依托于其独特设计、高品质材料和卓越视觉体验作为核心竞争力，满足全球时尚人士的需求。

2. 品牌特色

独特设计：GM与国际知名设计师合作，推出了一系列独具匠心的墨镜款式，满足不同风格和场合的需求。

高品质材料：采用先进的光学技术和优质材料，如防蓝光镜片、高强度钛合金镜架，以提供最佳的佩戴体验和视觉效果。

卓越的视觉体验：通过精细的光学设计，GM提供高清、舒适的视觉体验，同时保护用户眼睛的健康。

3. 市场推广

线上线下结合：GM结合线上电商平台和线下体验店，为用户提供便捷且优质的购物服务。

社交媒体营销：GM利用社交媒体平台（如Instagram、YouTube等）进行品牌推广和产品展示，以吸引全球年轻消费者。

明星代言和合作：GM邀请国际知名明星和时尚博主代言，以提升品牌的知名度和影响力。

4. 市场验证结果

在品牌推出的第一年，GM在全球主要市场就实现了显著的销售增长，并大幅提升了品牌知名度和用户满意度。数据显示，2023年，GM的全球销售额达到了1亿美元，品牌知名度提高了20%，用户满意度提高了25%。

GM的成功告诉我们，企业应把握新兴趋势，优化运营策略，并提升品牌影响力和市场竞争力，以便在全球市场中获得更大的成功。政策、市场、运营和资本运作是影响跨境电商企业发展的关键因素，企业需要灵活应对这些因素，制定出合理的战略规划，确保长期稳定的发展态势。

2.2 技术进步对跨境电商的影响

技术进步在推动跨境电商发展的过程中起到了至关重要的作用。随着新技术的不断涌现和应用，跨境电商的运营模式、效率和用户体验都发生了显著变化。以下是对几项关键技术及其对跨境电商影响的探讨。

一、人工智能与机器学习

人工智能（Artificial Intelligence，AI）：赋予机器以智能，使其能完成复杂任务的科技。

机器学习（Machine Learning，ML）：通过数据训练，使机器自我优化和做出决策的过程。人工智能和机器学习技术在跨境电商中的应用已经非常普遍，主要体现在以下几个方面。

1．智能推荐系统

应用：AI算法分析用户的浏览、购买和评价行为，精确推荐符合用户兴趣的产品。

👉 案例

亚马逊的推荐系统利用AI技术，根据用户的历史数据，提供个性化的产品推荐，极大地提高了销售转化率。

2．智能客服系统

应用：AI驱动的聊天机器人能够提供24/7（每天24小时，每周7天）客户服务，有效处理用户的常见问题和投诉。

阿里巴巴的智能客服系统"阿里小蜜"能够快速解答客户问题，提高了客户满意度。

3. 需求预测与库存管理

应用：利用大数据分析技术预测市场需求，优化库存管理，减少库存积压和缺货现象。

京东利用大数据分析和 AI 算法预测商品需求量，提前进行库存配置，提高了物流效率和客户满意度。

二、区块链技术

区块链技术（Blockchain Technology）是一种分布式数据库系统，它允许多个参与者共同维护一个持续增长的数据记录列表，即区块链。区块链技术在跨境电商中的应用主要集中于提高交易的透明度和安全性。

1. 供应链透明度

应用：利用区块链技术记录商品的生产、运输和销售过程，确保了供应链的透明度和可追溯性。

沃尔玛和 IBM 合作开发的区块链平台用于追踪食品供应链，提高了食品透明度和安全性。

2. 支付安全

应用：区块链技术提供了安全、透明的跨境支付解决方案，有助于减少支付欺诈和交易成本。

案例

BitPay 等公司利用区块链技术提供安全的比特币支付服务，降低了跨境交易的成本和风险。

三、大数据分析

大数据技术（Big Data Technology）：涉及收集、存储、管理、分析和可视化大规模数据集的一系列工具和过程，以发现潜在模式并进一步熟悉该业务的相关细节，从而支持决策制定。大数据技术在跨境电商中的应用主要体现在市场分析和用户行为预测上。

1．市场分析

应用：利用大数据分析技术来洞察市场趋势、竞争动态和消费者需求，以制定有效的市场策略。

案例

阿里巴巴通过大数据平台分析"双 11"购物节的数据，为卖家提供精准的市场分析和营销建议。

2．用户行为预测

应用：通过分析用户的浏览、购买和评价数据，预测用户行为，实现个性化的营销和服务。

案例

亚马逊利用大数据分析用户的购物行为，预测购买意向，并推送个性化的广告和促销信息。

四、虚拟现实与增强现实

虚拟现实（Virtual Reality，VR）：通过头戴设备完全沉浸式地体验一个由计算机生成的三维环境。增强现实（Augmented Reality，AR）：通过在用户的视野中叠加数字信息或图像，增强现实世界的视觉体验。虚拟现实和增强现实技术在跨境电商中的应用，主要体现在提升用户的购物体验上。

1．虚拟试穿与试用

应用：VR/AR技术提供虚拟试穿和试用服务，帮助用户更准确地选择商品。高精度的3D建模和实时渲染技术能够真实地展现产品的外观、尺寸和材质，用户可以在移动设备或电脑上通过摄像头捕捉自己的图像，并在屏幕上看到自己佩戴或使用产品的效果。这不仅适用于服装和配饰，也适用于化妆品、家具等各类商品。

这些技术让用户在购买前能"看到"自己使用产品的样子，有助于降低退货率，提升用户满意度。

案例

宜家的AR应用程序"宜家家居"使用户能够在家中通过手机摄像头虚拟摆放家具，查看家具的尺寸和样式是否合适。这种虚拟试用不仅提升了购物体验，还帮助用户做出更明智的购买决策，减少退货和更换的不便。

2．沉浸式购物体验

应用：利用VR头盔和手持控制器等设备，用户可以在完全虚拟的环境中进行购物。商家可以在虚拟空间中创建商品的详细展示，提供360度全景展示、交互式说明和虚拟客服等功能。用户可以通过手势和语音与虚拟商店互动，这种将传统的在线购物体验转变为更加互动和沉浸式的方式，提升了用户的参与感，并增加了购物的乐趣。

案例

阿里巴巴的"Buy+"虚拟购物体验允许用户通过VR设备在虚拟商店中购物。用户戴上VR头盔后，可以"走进"一个虚拟的购物中心，浏览商品、查看细节，并通过虚拟助手进行咨询。这种沉浸式的购物体验吸引了大量消费者，并显著提高了购物效率和用户满意度。

通过 VR 和 AR 技术，跨境电商企业不仅能够提供更为个性化的购物体验，还能显著提升用户的满意度和忠诚度。随着技术的不断进步，这些应用将成为未来跨境电商发展的重要驱动力。

2.3 全球贸易形势变化对跨境电商的作用与反作用

近年来，全球贸易形势持续变化，特别是一些保守派国家推动的"逆全球化"趋势，给中国的出口带来了新的挑战。面对外需疲软、制造业外迁等复杂情况，中国的传统外贸优势正在逐渐减弱。在这一背景下，跨境电商作为一种新兴的贸易形式，为推动我国外贸的转型升级提供了重要机遇和支持。

一、市场现状与挑战

目前，市场订单不足、利润空间缩小和产品价值低端化是困扰外贸企业发展的主要难题。这些问题也凸显了外贸结构调整的迫切性。跨境电商以其灵活性和创新性，恰好解决了传统制造业和外贸的难题。企业可以通过跨境电商扩展国际市场的需求信息来源，建立在线销售渠道，简化外贸流程，减少中间环节，自主掌控营销渠道及需求反馈，降低交易成本和运营复杂性，从而帮助企业创建自主品牌，摆脱处于价值链低端的困境。

二、重塑全球供应链

跨境电商促进了全球价值创造要素的重新组合，帮助传统外贸企业实现转型升级。通过缩短中间供应链环节，企业可以将节省下来的成本用于增加研发投入、品牌建设、质量提升、营销完善和售后服务。在当前全球贸易呈"小批量、高频次、碎片化"的形势下，跨境电商促使生产制造企业实现"数据化、在线化"，直接获取大量真实的国外消费者数据和国际市场需求。企业可以通过 C2B（消费者至企业）定制模式和建立柔性化生产供应链，实现智能化生产和产业转型升级，优化供应链，减少中间环节，降低成本。

三、提升中小企业竞争力

在传统国际贸易中，中小企业在供应商选择、贸易渠道和贸易谈判上往往难以与大企业竞争，处于劣势。而互联网和跨境电商平台的出现，使中小企业能够通过网络与全球贸易商建立联系，与大企业在同一平台上竞争，甚至个体商户也能参与国际贸易。在跨境电商模式下，国际贸易供应链变得更加扁平化，中间环节被弱化或替代，释放的成本转化为运营、平台费用及提供给消费者的优惠。中小企业借助跨境电商平台，可以直接面向客户，构建自己的贸易网络。然而，当中间商的角色由信息服务商取代时，信息的成本并不低于传统生产要素的成本，信息资源的垄断也不容忽视，许多跨境卖家实际上也成了新的中间商。

四、全球经济贸易的新规则

跨境电商正在引发全球经济贸易的重大变革，大幅降低了国与国之间的贸易成本，消除了国与国之间的贸易障碍。这使得国际贸易正逐步走向无国界贸易，并催生出适应互联网时代发展需求的国际经贸新规则。例如，欧盟提出实施"单一数字市场战略"，TPP（Trans-Pacific Partnership，跨太平洋伙伴关系协定）中设定了单独而详细的《电子商务》章节。在巩固"中国制造"地位的同时，中国也在提升处于"微笑曲线"两端的设计、研发、营销等能力，打开技术、品牌、服务的出口，实现向"中国创造"的转型升级。

五、普惠贸易的发展

跨境电商帮助发展中国家缩小了数字鸿沟，尤其是为发展中国家的中小企业提供了与发达国家平等参与全球价值链的机会。通过提升在全球价值链中的参与度，这些国家的中小企业可以提高国内增加值在全球价值链中的比重，并增加高附加值产品和服务的出口。跨境电商还促进了全球企业网上信用体系的建立，解决了中小企业信用积累和展示方面的难题，推动了国际贸易的发展，并带动了物流、金融、仓储、信息服务等相关产业的成长。

六、技术支撑与贸易便利化

互联网和数据是跨境电商发展的技术支撑，为行业带来了系统性的变革。贸易便利化通过新技术和措施简化了与贸易相关的程序，消除了与贸易相关的行政障碍，降低了成本，促进了货物和服务更好地流通。近年来，中国多个试点城市在海关程序、检验检疫、外汇税收、负面清单制度等方面进行了积极探索，通过"先行先试"和"由点及面"的方式，积极引领跨境电商国际规则的制定，抢占全球互联网经济发展的制高点。

2.4 中国品牌"出海"的挑战与升级思路

随着全球化和跨境电商的快速发展，中国品牌在"出海"过程中迎来了前所未有的机遇。然而，在这一过程中，企业也面临着诸多挑战。要在全球竞争中脱颖而出，中国企业不仅要应对这些挑战，还需要通过品牌升级和商业模式创新来增强自身的全球竞争力。

在接下来的内容中，我们将从品牌的重要性、商业模式创新、品牌资产管理等多个角度，探讨中国品牌在跨境电商领域的挑战与应对策略。

一、品牌在跨境电商中的重要性

在跨境电商时代，品牌的重要性不可忽视。品牌不仅是产品的标志，更是赢得消费者信任和偏好的关键。品牌的力量在于能够为消费者提供对产品质量和服务的稳定预期，减少购买决策的复杂性和不确定性。麻省理工学院的著名教授彼得·圣吉（Peter Senge）在其著作《第五项修炼》中指出，系统思考对企业管理至关重要。将这一理念应用于品牌管理中，企业可以更全面地理解品牌的作用和价值，从而制定出更有效的品牌战略。

哈佛商学院的迈克尔·波特（Michael Porter）教授在其研究中提出，品牌是企业赢得消费者青睐的重要武器。品牌能够为产品增加情感价值，提高其溢价能力，帮助企业在激烈的市场竞争中保持优势。在跨境电商领域，品牌的作用尤为突出，因为它不仅代表产品的质量和特色，更是企业国际信誉和形象的象征。

二、商业模式的创新与变革

商业模式是企业间竞争的核心差异。随着数字时代的到来，许多传统商业模式已经不再适应当前市场，企业需要不断探索和创新商业模式以实现转型升级。例如，以品牌为核心驱动，整合周边有形资产，创新商业模式，正成为越来越多企业的选择。企业需要利用数字技术，探索新的运营方式和收入来源，以适应快速变化的市场环境。

三、品牌资产的重要性

相比固定资产投入，品牌资产的投入需要更多的资源，并承担更大的风险。品牌资产的不可量化和不可标准化，使其无法直接列入公司的资产负债表，但这也恰恰使品牌具有了稀缺性和高价值性。拥有强大品牌的企业可以通过品牌授权、周边产品开发和品牌收购等方式，构建自己的生态体系，创新商业模式。例如，南极人通过出售固定资产，转而构建了一个以品牌授权为核心，以电商为销售渠道，以流量为获客手段的数字化商业模式。这一模式帮助了许多有能力但缺乏品牌和销售渠道的企业迅速走上了发展的快车道，实现了双赢。

四、全面品牌管理的必要性

在数字时代，全面品牌管理变得尤为重要。它不仅在战术层面帮助企业赢得市场竞争，更在战略层面提升了企业的综合能力。品牌作为企业的战略资产，其管理能力是企业的核心竞争力之一。开展全面品牌管理可以更有效地连接企业的内部能力与外部的市场需求，提升企业的市场竞争力，并推动企业的可持续增长。

根据《第五项修炼》中提出的系统思考理论，全面品牌管理要求将品牌理念融入企业运营的每一个环节，包括研发、生产、市场营销和客户服务，构建一个协同一致的系统。这样做不仅能够提升品牌的影响力和竞争力，还能够增强企业的内部协同效应，提高整体运营效率。

五、文化产品的品牌化策略

中国传统文化元素的服饰产品在国际市场上有着巨大的潜力，但目前尚未形成如 CHANEL、Dior 等具有国际影响力的品牌。中国企业要实现品牌国际化，需要加强品牌建设，讲好中国文化故事，提升产品的附加值和国际影响力。通过与国际知名设计师合作，将现代设计理念与传统服饰相融合，创新产品，使其既保留文化特色，又具有国际吸引力。同时，运用数字化营销手段，通过社交媒体平台进行精准推广，提高品牌在全球的知名度。

六、其他产品的品牌化策略

除了文化产品外，中国的电子产品、家居用品和美容产品在国际市场上也有很大的发展空间。以下是针对这些产品品牌化策略的一些建议。

1．电子产品

创新与质量：持续进行技术创新，确保产品质量符合国际标准。通过获取 CE 认证和 FCC 认证等国际认证，增强产品的可信度。

品牌故事：讲述产品背后的科技创新和设计理念，提升品牌的科技感和创新性。

市场推广：利用全球电商平台（如亚马逊和阿里巴巴）进行广泛的市场推广，通过科技媒体和评测网站提高品牌的曝光率和影响力。

2．家居用品

设计与功能：结合国际市场的需求，开发既实用又美观的家居产品。与国际知名设计师合作，提升产品设计。

环保与可持续：在产品中融入环保和可持续的理念，满足市场对绿色产品的需求。通过环保认证和绿色标签，提高产品的竞争力。

品牌推广：参加国际家居展览会，展示品牌的最新产品和设计，增强品牌的国际影响力。

3．美容产品

天然与安全：强调产品的天然成分和安全性，满足国际市场对美容产品的高标准要求。获取国际权威机构的安全认证，增强产品的可信度。

品牌形象：塑造高端、时尚的品牌形象，吸引国际消费者。与国际名模和美容达人合作，进行品牌代言和推广。

数字营销：利用社交媒体平台（如 Instagram 和 YouTube）进行精准营销，通过美妆博主的推荐和试用视频，提升产品的知名度和销量。

七、通过收购加速品牌国际化

中国企业还可以通过收购已成熟的国际品牌来快速打入全球市场。例如，中国童车企业"好孩子"在成功实施 ODM（Original Design Manufacturer，原始设计制造商）模式后，通过收购美国现有的童车品牌，成功进入了零售终端市场，并获得了更高的品牌溢价。这种"世界品牌＋中国制造"的模式，已成为中国企业品牌国际化的重要战略。

八、全面品牌管理的策略实施

1．建立品牌管理体系

品牌定位：明确品牌定位，确定品牌的核心价值和市场定位。根据目标市场的特点，制定相应的品牌推广策略。

品牌保护：通过商标注册和知识产权保护，防止品牌被侵权。建立品牌监测机制，及时发现并应对品牌侵权行为。

2．数字化品牌管理

大数据分析：运用大数据技术分析消费者行为和市场趋势，优化品牌管理策略。依靠数据驱动的决策，提高品牌的市场竞争力。

社交媒体管理：利用社交媒体平台进行品牌推广和客户互动。发布高质量的内容和开展在线活动，提升品牌的曝光率和影响力。

3．内部协同与外部合作

内部协同：加强企业内部各部门之间的协同合作，确保品牌管理的各个环节都能有效执行。通过培训和激励机制，增强员工的品牌意识，提高其参与度。

外部合作：与国际知名品牌和机构合作，利用他们的资源和渠道，提升品牌的国际影响力。通过战略合作和联合推广，共同开发国际市场。

九、未来展望

中国品牌在未来的发展中还需要不断在以下几个方面进行努力。

技术创新与产品研发：持续进行产品创新，提高产品的科技含量和附加值，以满足国际市场的多样化需求。

品牌国际化：实施国际化的品牌推广策略，提高品牌的全球知名度和认可度。

数字化转型：运用大数据和人工智能技术优化供应链管理和客户服务，提高运营效率和客户满意度。

合作与联盟：积极寻求国际合作与联盟，利用合作伙伴的资源和渠道扩大市场份额。

通过应对上述挑战并采取相应的升级策略，中国品牌将能在全球市场中不断壮大并实现可持续发展。随着全球化的不断深入，中国品牌将迎来更多的发展机遇，同时也需要不断创新和优化，以适应复杂多变的国际市场环境。

第三章

选品策略与产品开发

3.1 如何选择合适的产品

选择合适的产品是销售成功的关键之一。一个好的选品策略可以帮助卖家发现市场机会，满足消费者需求，并实现盈利。以下是以亚马逊为例的一些关键步骤和方法，帮助卖家选择合适的产品。

一、开展市场调研

市场调研是选品的第一步，通过市场调研可以了解市场趋势、消费者需求和竞争状况。以下是一些开展市场调研的方法。

使用市场调研工具：亚马逊的市场调研工具一般包括 Jungle Scout、Helium 10 和 AMZScout。这些工具可以提供产品的销售数据、竞争情况和市场趋势分析。（在第九章中我们会具体讲解怎样选择合适的市场调研工具进行调研）

分析热销榜单：查看亚马逊的热销榜单（Best Sellers），了解在特定类别中最受欢迎和销量最好的产品。

关注新品发布：查看亚马逊的新品发布榜单（New Releases），把握最新的产品趋势。

客户需求分析：利用搜索量数据、客户评价和反馈，了解消费者的需求和偏好。

二、评估产品潜力

完成市场调研之后，接下来是评估所选产品的市场潜力，以确保产品具有良好的市场前景和盈利空间。一般从以下几个方面评估产品的潜力。

市场需求：选择市场需求量大的产品，确保有足够的消费者基础。通过分析搜索量和销售数据，可以判断产品的市场需求量。

竞争状况：评估市场上的竞争状况，选择竞争较小或有差异化优势的产品。通过分析竞争对手的产品特性、价格策略和客户评价，可以了解市场竞争的激烈程度。

利润空间：计算产品的成本、售价和利润空间，确保产品具有较大的盈利潜力。考虑产品的制造成本、运输成本、亚马逊平台相关费用和广告推广费用。

供应链可行性：评估供应链的可行性，确保产品的稳定供应且质量过关。选择信誉良好的供应商，确保产品质量和按时交货。

三、进行数据分析

数据分析在选品过程中至关重要，能够帮助卖家更准确地评估产品的市场潜力和竞争状况。以下是一些进行数据分析的方法。

关键词分析：利用关键词分析工具来评估产品的搜索量和竞争程度，选择搜索量大且竞争程度适中的关键词。工具（如 Google Trends、Ahrefs 和 Semrush）能够提供有价值的数据。

销售数据分析：利用亚马逊的销售数据分析工具，如 Jungle Scout 和 Helium 10，来洞察产品的销售趋势和市场需求。

客户评价分析：分析竞争对手的客户评价，了解产品的优缺点和客户需求。通过客户评价可以发现产品改进的机会和市场空白。

四、选择独特和具有差异化的产品

在竞争激烈的市场中，选择独特和差异化的产品能够让卖家脱颖而出。从以下几个方面入手选择此类产品。

产品创新：选择具有创新性和独特设计的产品，以满足消费者的特殊需求。可以与供应商合作，开发定制化和创新性的产品。

品牌化策略：选择有潜力进行品牌化的产品，通过打造品牌来提升产品的附加值和品牌认知度。有效的品牌化策略有助于增加客户忠诚度和提高重复购买率。

市场细分：选择细分市场中的产品，满足特定客户群体的需求。通过市场细分，可以发现大市场中的小机会，降低市场竞争风险。

☞ 案例

开展市场调研：在进入市场之前，小米运用市场调研和分析工具，洞察到智能家居和消费电子行业存在巨大的市场需求，但缺乏高性价比的产品。通过调研，小米确定将智能家居设备和消费电子产品作为其核心产品。

评估产品潜力：小米通过深入的市场需求分析和竞争状况评估，发现智能家居和消费电子产品市场竞争激烈，但高性价比的产品相对匮乏，市场潜力巨大。小米还计算了产品的成本和利润空间，确保所选产品具有强大的盈利潜力。

进行数据分析：小米使用关键词分析工具，选择了搜索量大、竞争度低的关键词，如"smart home devices""budget smartphone""Xiaomi products"，提高了产品的曝光率和销售转化率。通过分析客户评价，小米进一步洞察到市场对高性能、高性价比产品的需求，并据此优化了产品开发。

选择独特和具有差异化的产品：小米注重产品创新和品牌化策略，推出了高性价比又设计优良的智能家居和消费电子产品，并通过品牌推广提升了品牌的市场认知度和客户忠诚度。此外，小米还开发了多个细分市场的产品，如智能手表、空气净化器、智能灯泡，满足了不同客户群体的需求。

通过以上选品策略，小米成功地在竞争激烈的市场中脱颖而出，成为智能家居和消费电子市场的领导品牌。

选择合适的产品是亚马逊销售成功的基础。通过市场调研、产品潜力评估、数据分析和选择独特和差异化的产品，卖家能够发现市场机会，满足消费者需求，进而实现盈利。在案例分析中，小米通过其精心的选品策略，成功地在市场中取得了竞争优势，为其他卖家提供了宝贵的经验和参考。

3.2 产品开发与品牌定位

产品开发和品牌定位是亚马逊销售成功的基石。通过深入的市场调研、创新的产品设计和明确的品牌战略，卖家能够在竞争激烈的市场中脱颖而出。本节将详细探讨产品开发与品牌定位的关键步骤，并在几个最重要的环节中介绍具有商业性和指导性的内容，以帮助读者指导自己的商业行为。

一、产品开发

产品开发是将市场需求转化为具体产品的过程，包括以下几个关键步骤。

1. 市场需求分析

确定目标市场：通过市场调研确定目标市场的规模、增长潜力和消费者特征。

Michael E. Porter 的五力模型是战略管理中用于分析行业竞争强度和吸引力的工具。通过分析行业中五种主要力量的相互作用，企业可以更好地理解其所处行业的结构，并制定相应的竞争策略。以下是对五力模型的具体阐释。

（1）现有竞争者的竞争强度（Rivalry Among Existing Competitors）

这是模型中的核心力量，指行业内现有企业之间的竞争程度。竞争强度受以下因素影响。

企业数量和规模：行业内企业数量越多、规模越大，竞争越激烈。

市场增长率：市场增长缓慢时，企业为了争夺市场份额，竞争会更加激烈。

产品差异化：产品差异化程度低时，企业之间的竞争更多集中在价格上，行业竞争强度增加。

固定成本和退出障碍：固定成本高或退出障碍大的行业，企业可能在盈利下降后仍继续运营，行业竞争强度也较高。

（2）潜在进入者的威胁（Threat of New Entrants）

新进入者带来的竞争威胁取决于进入壁垒的高低。主要包括以下几点。

规模经济：规模经济要求新进入者在进入市场时达到一定规模才能竞争，这通常需要大量的资本投入。

产品差异化：在品牌忠诚度高且产品差异化显著的行业中，新进入者很难吸引客户。

资本需求：高初始投资和资金要求成为进入行业的门槛，会阻碍潜在的进入者。

政府政策和法规：政府的严格行业法规和政策也会成为进入壁垒。

（3）替代品的威胁（Threat of Substitutes）

替代品指那些能够替代行业内产品的其他产品或服务。替代品的威胁受以下因素影响。

替代品的性能和价格：如果替代品在性能上与行业内产品相当或更好，同时价格更低，其威胁性较大。

转换成本：消费者转换到替代品的成本越低，替代品的威胁性越大。

消费者偏好：消费者对替代品的接受度和偏好越高，其威胁性越大。

（4）供应商的议价能力（Bargaining Power of Suppliers）

供应商的议价能力影响企业的成本和利润。当供应商议价能力强时，企业的成本上升，利润下降。以下是影响供应商议价能力的关键因素。

供应商集中度：供应商数量少且集中度高时，议价能力较强。

替代供应品的可获得性：替代供应品越少，供应商的议价能力越强。

供应商产品的独特性：如果供应商的产品独特且难以被替代，供应商的议价能力较强。

前向整合威胁：当供应商具有前向整合的能力和意图时，他们的议价能力较强。

（5）买方的议价能力（Bargaining Power of Buyers）

买方的议价能力影响企业的销售收入和利润。买方议价能力强时，企业可能需要降低价格或提升服务质量以保持竞争力。买方议价能力受以下因素影响。

买方集中度： 当买方数量少且集中度高时，议价能力较强。

购买量： 单个买方的购买量大时，其议价能力较强。

产品差异化： 产品差异化程度低时，买方容易选择其他供应商，议价能力较强。

后向整合威胁： 当买方具有后向整合的能力和意图时，他们的议价能力较强。

👉 案例

作为全球领先的智能手机制造商，三星的发展历程中充满了辉煌与挑战。然而，在当前激烈的市场竞争环境下，三星依然面临着诸多难题和市场压力。

案例分析

现有竞争者的竞争强度： 在智能手机市场，三星面临来自苹果、华为等知名品牌的激烈竞争。市场增长趋于饱和，这促使各大品牌不断推陈出新，以差异化产品吸引消费者。

潜在进入者的威胁： 智能手机市场的进入壁垒较高，这包括了品牌忠诚度、巨额的资本投入需求，以及对先进技术的掌握等，这些因素共同构成了对新进入者的挑战，使他们难以快速获得市场份额。

替代品的威胁： 替代品（如功能手机或平板电脑）在特定情况下能够替代智能手机的部分功能，但整体替代威胁性较小。随着智能手机功能的多样化，替代品的威胁进一步降低。

供应商的议价能力： 三星的供应链复杂且全球分布广泛。尽管部分关键部件的供应商，如芯片供应商，具有较强的议价能力，但三星通过垂直整合部分供应链，降低了供应商的议价能力。

买方的议价能力：智能手机市场的消费者众多且分散，单个消费者的议价能力有限。但消费者对价格和产品功能的敏感度高，这促使三星不断进行创新和优化产品，以保持其市场竞争力。

2. 消费者需求分析

通过使用焦点小组、问卷调查和客户反馈等工具，企业可以了解消费者的具体需求和痛点。西欧多尔·李维特（Theodore Levitt）的"市场营销近视症"理论指出，企业应关注消费者的真实需求，而不仅仅是产品本身。李维特强调，企业应该从顾客需求和市场的角度来界定自己的业务范畴，而非从产品的角度。

"市场营销近视症"理论的核心观点包括以下几点。

顾客导向：企业应关注顾客的需求、愿望和问题，并提供解决方案，而不是单纯地销售产品。

市场定义：企业应广泛地界定自己的市场范围，不局限于现有的产品和服务。

长期视角：企业应采取长远的视角，关注市场和技术的长期发展，而非仅看重短期利润。

持续创新：企业应不断创新，以适应市场的变化和满足顾客不断变化的需求。

☞ 案例

三星通过深入理解和应用 Theodore Levitt 的"市场营销近视症"理论，成功地在竞争激烈的市场中保持领先地位。以下是三星如何具体应用这一理论的详细阐释。

（1）**顾客导向：识别和满足顾客需求**

三星通过问卷调查和客户反馈等方式，深入了解消费者对智能手机的实际需求。通过这些调研方法，三星识别出消费者在以下两方面的需求特别强烈。

先进摄像功能：现代消费者越来越重视智能手机的摄像功能，其不仅用于日常拍照，还用于专业摄影和视频制作。消费者希望手机摄像头具备高分辨率、多镜头系统、夜间拍摄能力和智能拍摄模式等功能。

长电池续航：随着智能手机功能的不断增加，耗电量也随之增大。消费者希望手机能够支持长时间使用而无须频繁充电，尤其是在外出或长时间使用的情况下。

具体行动

先进摄像功能：三星在其旗舰机型中引入了高分辨率摄像头、多镜头系统（如广角、超广角、长焦和微距镜头）、夜间模式和智能拍摄功能。这些功能的加入，不仅满足了消费者的需求，还在市场上树立了技术领先的形象。

长电池续航：三星通过改进电池技术、优化硬件和软件的能效比，推出了具备大容量电池和快速充电功能的智能手机。这些改进有效地延长了手机的使用时间，提升了用户体验。

（2）**市场定义**：超越产品功能

根据 Levitt 的理论，企业不应仅仅关注产品功能，而应从广泛的市场需求和消费者体验出发。三星不但专注于硬件的创新，还积极拓展智能生态系统，以提供更全面的用户体验。

具体行动

软件与服务：三星开发了与硬件相结合的软件和服务，如 Samsung Pay、Samsung Health、Samsung Knox 等。这些服务不仅提升了产品的附加值，还增强了用户的整体体验。

生态系统建设：三星通过推出智能家居设备、可穿戴设备（如 Galaxy Watch、Galaxy Buds）和与智能手机无缝连接的家电产品，构建了一个互联互通的智能生态系统。这种生态系统的建设，使得三星产品不再是独立的设备，而是成为消费者日常生活的一部分，提升了品牌黏性和用户忠诚度。

（3）长期视角：前瞻性技术投资

三星采取长期视角，持续投资研发，关注未来技术的发展趋势，以保持其市场竞争力。公司不仅关注当前的市场需求，还积极探索未来可能出现的新需求和新技术。

具体行动

5G 技术：三星早在 5G 技术初期就投入了大量资源进行研发，推出了一系列支持 5G 网络的智能手机，满足了消费者对高速网络的需求。

折叠屏技术：通过前瞻性研发，三星率先推出了折叠屏手机 Galaxy Fold 和 Galaxy Z Flip。这些创新产品不仅满足了消费者对大屏幕和便携性的双重需求，还展示了三星在未来手机形态上的领导力。

（4）持续创新：不断优化产品和服务

为了应对市场环境的快速变化和消费者需求的不断演进，三星坚持持续创新，推出新产品和服务，以保持市场竞争力。

具体行动

年度旗舰机型发布：三星每年发布新的旗舰机型，如 Galaxy S 系列和 Galaxy Note 系列，不断引入最新的技术和设计，确保产品在市场上保持竞争优势。

用户反馈机制：三星通过多渠道收集用户反馈，并快速将这些反馈应用于产品改进和新产品开发。例如，如果消费者对某款产品的摄像头性能不满意，三星将会在下一代产品中进行技术优化，以提升用户满意度。

3. 产品设计与研发

基于市场需求，企业应开发产品概念并进行可行性分析。利用德尔菲法（Delphi Method）来收集专家意见，对产品概念进行评估和筛选。

德尔菲法是一种系统化的预测和决策方法，它通过多轮匿名问卷调查收集并汇总专家的意见和建议，最终形成一致的结论。这种方法的优势在于能够消除个别专家的偏见，获取集体智慧，从而提高决策的准确性。

4．原型设计

设计产品原型并进行初步测试和验证。采用敏捷开发（Agile Development）方法，快速迭代和改进产品原型。敏捷开发是一种以用户需求为导向的开发方法，它强调小步快跑、持续迭代和对变化的快速响应。通过不断的反馈和调整，确保产品开发过程的灵活高效，以最大程度满足用户需求。

5．测试与反馈

通过小规模市场测试（如试销）来收集用户反馈，并据此进行产品优化。

在这个过程中，我们可以应用克莱顿·克里斯滕森（Clayton Christensen）提出的"破坏性创新"理论。破坏性创新指的是那些最初不被主流市场看好的创新，它们通过满足未被满足的需求或创造新需求，最终实现对现有市场的颠覆。这类创新通常首先在低端市场或利基市场中获得成功，然后逐步扩大市场份额。

二、品牌定位

品牌定位是指企业在消费者心中塑造的独特形象和价值主张。一个成功的品牌定位有助于建立品牌忠诚度并提高市场竞争力。以下是品牌定位的关键步骤。

1．市场分析

市场细分：根据消费者的地理、人口、心理和行为特征，对市场进行细分。运用 STP（Segmenting，Targeting，Positioning）模型，识别最具吸引力的市场细分领域。

案例

三星通过市场细分，锁定了对高端科技产品有强烈需求的年轻专业人士和科技爱好者群体。

目标市场选择：选择一个或多个最具潜力的细分市场作为目标市场。根据 SWOT（Strengths、Weaknesses、Opportunities、Threats，即优势、劣势、机会、威胁）分析，评估企业在目标市场中的竞争优势和劣势，并制定相应的营销策略。

☞ 案例

三星通过 SWOT 分析，发现其高端智能设备在年轻专业人士中具有竞争优势，因此重点推广这类产品。

2. 品牌价值主张与识别

明确品牌价值主张：明确品牌的核心价值和独特卖点，向消费者传达品牌的独特优势。根据 Philip Kotler 的市场营销理论，价值主张应包括功能利益、情感利益和象征利益。

☞ 案例

三星的价值主张是提供创新、高质量和高性能的电子产品，满足消费者对高端科技产品的需求。

品牌识别：设计独特的品牌名称、标志和口号，确保品牌在市场上具有高度可识别性。根据 David A.Aaker 的品牌资产模型，品牌识别是品牌资产的重要组成部分。

☞ 案例

三星通过其简洁的品牌标志和富有启发性的口号"Imagine the Possibilities（无穷想象，无限可能）"，提高了品牌识别度和消费者记忆度。

3. 品牌定位

品牌定位策略：定位差异化，即通过产品、服务、渠道和品牌形象等方面的差异化策略，打造品牌的独特性。根据特里西（Michael Treacy）和威尔斯马（Fred Wiersema）的价值信条模型，企业可以选择卓越运营（Operational Excellence）、客户亲密度（Customer Intimacy）或产品领导力（Product Leadership）来定位。

案例

三星选择产品领导力策略，通过提供最先进的技术和高质量的产品，塑造品牌的独特性。

4. 品牌传播与推广

制订全面的品牌沟通计划，通过广告、公关、社交媒体和内容营销等方式传达品牌信息。根据整合营销传播（Integrated Marketing Communication，IMC）理论，确保各个传播渠道具有一致性和协同效应。

案例

三星借助社交媒体、线上广告和内容营销等渠道，传达品牌价值和产品信息，提高品牌认知度和客户忠诚度。

3.3 竞争分析与市场调研

现代汽车（Hyundai Motor Company）是一个广为人知的汽车品牌，在跨境营销方面取得了巨大成功。通过市场调研，现代汽车洞察到消费者对环保和节能汽车的需求日益增长。定性调研帮助现代汽车了解了消费者对电动汽车的主要关注点，如续航里程、充电时间和价格等；而定量调研则让现代汽车了解了电动汽车的市场潜力，并确定了目标市场。在消费者行为分析中，现代汽车认识到品牌信誉、技术创新和售后服务是影响消费者购买决策的重要因素。基于这些信息，现代汽车加大了对电动汽车技术的投资，并推出了多款环保节能车型来满足市场需求。

由此可见，竞争分析与市场调研是制定成功市场策略和进行产品开发的重要环节。通过深入了解竞争对手的优势、劣势及市场动态，企业可以制定出具有竞争力的战略，从而确保产品在市场上获得成功。

一、竞争分析

竞争分析是指通过系统化的方法，分析行业内现有竞争者的策略、资源、能力和市场表现，进而了解竞争格局，制定相应策略。以下是竞争分析的关键步骤。

1. 竞争对手识别

直接竞争对手：识别与自身产品相似、目标市场相同的企业。

间接竞争对手：识别提供替代产品或服务的企业。

2. 竞争对手分析

SWOT 分析：对竞争对手的优势、劣势、机会和威胁进行全面分析。

价值链分析：利用 Porter 的价值链模型，分析并识别竞争对手在各个价值链环节的优势和劣势。

3．竞争对手策略评估

市场定位：分析竞争对手的市场定位和目标客户群体。

产品策略：评估竞争对手的产品组合、定价策略和产品特性。

营销策略：了解竞争对手的广告宣传、促销活动和销售渠道策略。

财务表现：通过分析公开的财务报表，评估竞争对手的财务健康状况和市场份额。

☞ 案例

LG 电子通过竞争分析，识别了家电市场的主要竞争对手，包括三星、索尼和海尔等。通过 SWOT 分析和价值链分析，LG 电子发现三星在产品创新和品牌影响力方面具有优势，但在价格和客户服务方面存在劣势。基于这些信息，LG 电子制定了更具竞争力的价格策略，并加强了客户服务，以提高其市场份额。

二、市场调研

市场调研是指系统化地收集、分析和解释市场信息的过程，目的在于了解市场动态、消费者需求和趋势。市场调研主要涉及以下内容。

1．市场调研的方法

定性调研：通过焦点小组、深度访谈和观察法等方法，深入了解消费者的需求、偏好和购买行为。

定量调研：利用问卷调查、抽样调查和统计分析等技术，对消费者需求、市场规模和市场趋势进行量化分析。

2．市场细分与目标市场选择

市场细分：根据消费者的地理位置、人口统计特征、心理特征和行为特征对市场进行细分，识别出不同的消费者群体。

目标市场选择：选择一个或多个最具潜力的细分市场作为目标市场，制定有针对性的市场策略。

3．消费者行为分析

消费者购买决策过程：分析消费者从认识到需求再到最终购买的全过程，了解影响其购买决策的主要因素。

消费者满意度和忠诚度：通过收集客户反馈和进行满意度调查，了解消费者对企业产品和服务的满意度及其忠诚度。

4．市场趋势分析

技术趋势：了解行业内的最新技术发展，并预测这些技术可能对市场产生的影响。

社会和文化趋势：分析社会和文化的变化趋势，评估这些变化对消费者需求和市场的影响。

经济和政治趋势：考察经济和政治环境的变化，评估这些宏观因素对市场的潜在影响。

3.4 打造爆款产品的策略

打造爆款产品是许多企业追求的目标。通过有效的策略和对消费者的深刻洞察，企业可以在市场中脱颖而出。以下是一些结合传播学与社会心理学而形成的有效策略，旨在以浅显易懂的方式帮助企业在市场中打造爆款，同时特别关注跨境电商中的网红趋势。

一、理解消费者心理

1．社会认同原理（Social Proof）

社会认同原理是指人们在不确定的情况下，会依赖他人的行为来判断自己的行为是否正确。当消费者看到某个产品获得众多用户的高度评价或被广泛使用时，他们更有可能选择购买该产品。应用策略如下。

展示用户评价和推荐：在产品页面上突出展示用户评价和推荐，以增加产品的社会认可度。

利用网红效应：邀请在社交媒体上有影响力的网红（Key Opinion Leaders，KOLs）使用和推荐产品，借助他们的影响力吸引粉丝，增加产品的社会认同感。

2．稀缺性原理（Scarcity Principle）

稀缺性原理是指当某种资源变得稀缺时，人们会更想获得它。通过限制供应或设置时间限制，可以激发消费者的购买欲望。应用策略如下。

限量销售：推出限量版产品，增加产品的稀缺性，以提高产品的吸引力。

限时优惠：开展限时折扣或促销活动，创造紧迫感，促使消费者及时购买。

二、进行有效的信息传播

1．双路径模型（Elaboration Likelihood Model，ELM）

双路径模型指出，信息的传播有两种主要路径：中心路径和外周路径。中心路径侧重于信息的逻辑和内容，外周路径则侧重于信息的情感和吸引力。应用策略如下。

中心路径：提供详细的产品信息和技术规格，帮助消费者做出理性的购买决策。例如，在产品页面上详细介绍产品的功能、特点和优势。

外周路径：利用视觉设计、品牌故事和情感营销来吸引消费者。例如，使用高质量的图片、视频和引人入胜的品牌故事。

2．创新扩散理论（Diffusion of Innovation Theory）

由 E.M.Rogers 提出的创新扩散理论阐释了新产品和创新是如何通过特定渠道在社会系统中传播的。根据该理论，创新的传播过程分为五个阶段：获知、说服、决策、实施和确认。应用策略如下。

识别并吸引早期采用者：早期采用者具有较高的社会影响力，可以帮助推动产品的传播。在跨境电商中，网红和意见领袖常常扮演早期采用者的角色。

建立信任：通过与网红和意见领袖合作，借助他们的信任和影响力向更广泛的受众推广产品，从而建立品牌信任。

三、借助网红和社交媒体

1．网红营销（Influencer Marketing）

网红营销是指通过与在社交媒体上有大量粉丝的网红合作，推广产品或品牌的一种营销方式。这是跨境电商营销最容易打造爆款的方法之一。网红的推荐通常比传统广告更具信任度和说服力，因为他们与粉丝之间建立了紧密的关系。应用策略如下。

选择合适的网红：选择与品牌和产品定位相符的网红进行合作。确保他们的粉丝群体与目标市场一致，提高推广的有效性。

内容合作：与网红共同制作创意内容，如开箱视频、使用教程、产品评测等。这些内容应真实、有趣，并能吸引观众的注意力和兴趣。

互动与参与：鼓励网红与粉丝互动，通过问答、直播等形式增加粉丝的参与感和互动性。这种互动可以引起粉丝对产品的兴趣和购买意愿。

👉 **案例**

Fenty Beauty 是由全球知名歌手 Rihanna 于 2017 年创立的美妆品牌。该品牌通过创新的产品和强有力的网红营销策略，打造了多个爆款产品，迅速提升了品牌知名度和市场份额，在全球美妆市场取得巨大成功。

（1）**选择合适的网红**

Fenty Beauty 从一开始就与多个具有影响力的美妆博主和社交媒体明星合作，这些网红不仅粉丝众多，而且与 Fenty Beauty 的目标市场高度契合。通过与不同肤色、背景和风格的网红合作，Fenty Beauty 成功吸引了多样化的客户群体。

（2）**内容合作**

与网红的合作超越了单纯的产品推广，深入到内容创作。例如，许多美妆博主在 YouTube 和 Instagram 上发布了 Fenty Beauty 产品的开箱视频、化妆教程和产品评测，这些内容真实、有趣，易于分享，迅速在社交媒体上引起了广泛关注。

（3）**互动与参与**

Fenty Beauty 还积极鼓励网红与粉丝互动，通过社交媒体平台进行实时直播、开展问答活动和举办粉丝参与的活动。例如，在新品发布时，Rihanna 和美妆博主进行全球直播，展示新产品并回答粉丝的问题。这种互动不仅增强了粉丝的参与感，也提升了品牌的亲和力和信任度。

凭借精准的网红营销策略，Fenty Beauty 在短时间内取得了显著的市场成功。以下是几个关键成果。

爆炸性的销售增长：在品牌发布的首月，Fenty Beauty 的销售额就达到了 7200 万美元。其明星产品，特别是 40 种色号的粉底液迅速售罄。

全球影响力：Fenty Beauty 不仅在美国本土市场取得成功，还迅速扩展到全球多个国家和地区，成为美妆市场的热门品牌。

强大的品牌忠诚度：通过与网红合作，Fenty Beauty 成功建立了强大的品牌忠诚度，使得许多消费者成为品牌的忠实粉丝，并持续购买其新产品。

2. 社交媒体广告

社交媒体广告是指在社交平台上投放的广告，它通过精准定位和个性化推荐，吸引目标受众的注意。应用策略如下。

精准投放：利用社交媒体平台的广告工具，根据用户的兴趣、行为和人口统计数据进行精准投放，确保广告能触达目标受众。

创意广告：制作吸引人的短视频、动态图片和互动式广告等，以提高用户的点击率和参与度。

数据分析：持续监测广告效果，通过数据分析优化广告策略，提高广告的转化率和投资回报率（ROI）。

通过理解消费者心理、进行有效的信息传播以及借助网红和社交媒体，企业可以制定出打造爆款产品的有效策略。社会认同和稀缺性原理可以激发消费者的购买欲望，双路径模型和传播扩散理论可以提升信息传播的效果，而网红营销和社交媒体广告则能大幅提高产品的曝光率和吸引力。综合运用这些策略，企业可以在跨境电商中脱颖而出，实现产品的爆款效应。

第四章

亚马逊平台的运营

4.1 亚马逊账号注册与后台操作

随着全球跨境电商的迅速发展，越来越多的中国卖家选择通过亚马逊平台将产品销售到全球市场。亚马逊作为全球最大的在线零售平台之一，拥有庞大的用户基础和强大的品牌影响力，为中国卖家提供了广泛的市场机会。要想成功进入亚马逊平台，首先需要注册一个卖家账号，并熟练掌握后台操作。这一过程中涉及的步骤和细节对卖家而言非常重要。

一、注册亚马逊卖家账号

中国卖家在注册亚马逊账号时，可以选择专业卖家计划或个人卖家计划。专业卖家计划提供更多的功能，如高级数据报告、促销工具和多类目销售权限，适合每月销售超过 40 件商品的卖家。个人卖家计划没有月度订阅费用，但每销售一件商品需支付固定费用，适合小规模销售者。大多数中国卖家选择专业卖家计划。亚马逊卖家账号注册流程如下。

信息准备：在注册之前，卖家需要准备好相关信息和文件。这包括公司名称、法定代表人身份证明文件、公司营业执照、银行账户信息和联系方式。此外，还需要准备一张国际信用卡，用于支付亚马逊的月度订阅费和其他费用。

选择站点：亚马逊提供多个站点供卖家选择，包括北美洲站、欧洲站、日本站等。中国卖家应根据目标市场选择适合的站点。通常情况下，北美洲站和欧洲站具有较大的消费能力和市场潜力，是中国卖家最常选择的站点。

填写注册表格：在亚马逊卖家中心，卖家需要填写详细的注册表格。表格内容包括公司信息、联系人信息、支付信息等。卖家需要确保所填信息的准确性和完整性，以便能够顺利通过亚马逊的审核。

身份验证和地址验证：提交注册表格后，亚马逊将会进行身份验证和地址验证。其中，身份验证可能包括上传法定代表人身份证明文件（如护照或身份证）和公司的营业执照。对于地址验证，亚马逊可能会要求卖家提供水电费账单或银行对账单等。

设置支付方式：注册完成后，卖家需要设置银行账户信息，以便接收销售款项。亚马逊支持多种国际支付方式，包括国际银行转账和第三方支付平台。卖家需要确保银行账户信息的准确性，避免资金转账出现问题。

二、卖家中心后台操作

注册完成并通过验证后，卖家可以登录亚马逊卖家中心（Seller Central）。这是卖家进行日常运营管理的核心平台，它提供了丰富的功能和工具。对于卖家而言，熟练掌握这些功能和工具至关重要。接下来，我们先大致了解一下卖家中心可以进行的后台操作，在后续的章节中，我们也会具体分析某些操作的精细化处理技巧。

产品上架：这是卖家中心的核心功能之一。卖家可以通过创建新的 Listing 在亚马逊平台上架商品。上架时，卖家需要提供详细的产品信息，包括标题、描述、价格、图片、库存数量等。亚马逊对产品信息的规范有严格要求，卖家应遵循这些要求，以提高产品的搜索可见性和购买转化率。

关键词和图片优化：在产品上架过程中，关键词和图片优化是两个关键环节。卖家需要使用适当的关键词来描述产品，以便潜在客户更容易找到产品。图片质量也是影响购买决策的重要因素，高质量的图片能够有效增加产品的吸引力。

库存管理：这是卖家需要密切关注的另一个重要方面。卖家中心提供的库存管理工具可以帮助卖家实时监控库存状态，避免出现缺货或库存积压的情况。对于使用 FBA 的卖家，亚马逊会负责库存管理和订单履行，这大大减轻了卖家的物流负担。FBA 订单通常可以享受亚马逊的 Prime 服务，该服务提供快速配送、免运费以及更优质的客服支持，确保客户能更快地收到商品并享受更出色的售后服务。

订单处理：这个功能能够帮助卖家高效管理订单。从订单的生成、处理到发货，卖家可以在卖家中心进行全程管理。对于 FBA 订单，亚马逊会自动处理订单的仓储、包装和配送。对于非 FBA 订单，卖家则需要自行安排物流和发货。无论是哪种方式，及时更新订单状态和提供有效的物流追踪信息都是保持良好客户关系的关键。

客户服务：这是影响产品评价和账户健康的重要因素。中国卖家在解答客户咨询和提供售后服务时，应注重及时性和专业性。良好的客户服务不仅可以提升客户满意度，还能有效减少负面评价和退货率。亚马逊对卖家的客户服务有一定的标准和要求，卖家应尽量满足这些要求，以保持账户的良好状态。

广告和促销：卖家可以利用这个功能有效提高产品曝光率和销售量。亚马逊提供了多种广告形式，包括赞助产品广告、赞助品牌广告和赞助展示广告。中国卖家可以根据目标市场和产品特点，制定合适的广告策略。广告的成功实施依赖对市场的深刻理解以及对数据的精确分析，因此，卖家应充分利用亚马逊提供的数据工具来优化广告策略。

数据分析和报告：这是卖家优化业务的关键。亚马逊卖家中心提供的销售数据、客户反馈和市场分析报告，可以帮助卖家了解市场趋势、评估产品表现和识别业务机会。利用数据驱动的决策，卖家可以优化库存管理、调整定价策略、提升产品质量，进而提高整体运营效能。

账户健康和绩效监控：这是卖家维护和提升账户质量的关键。亚马逊会定期评估卖家的服务质量，其评估指标包括订单缺陷率、迟发率和客户服务响应时间等。卖家应密切监控这些指标，并采取措施弥补不足之处。保持良好的账户健康状态，不仅有助于避免账户暂停或关闭，还可以提升产品的排名。

通过系统的学习掌握这些后台操作和管理工具，中国卖家可以更加自信和高效地开展跨境电商业务。亚马逊平台提供了强大的支持和保障，让卖家能够专注于核心业务，不断提升在全球市场的竞争力。对于那些希望通过亚马逊平台实现全球化发展的中国企业而言，熟练运用这些工具和资源将是成功的关键。

4.2　亚马逊店铺的基础设置

建立一个成功的亚马逊店铺，不仅仅是注册账号和上架产品。店铺的基础设置对于提升店铺形象、吸引客户并提高销售转化率至关重要。以下是亚马逊店铺基础设置的几个关键步骤，以及一些成功的亚马逊店铺案例。

一、店铺信息设置

店铺名称：选择一个简洁、易记且能反映产品特色的店铺名称。店铺名称将显示在产品页面和买家购物车中，应确保名称能够引起买家兴趣并展现专业形象。例如，电子品牌"RAVPower"的店铺名称既简洁又专业，易于让人联想到其电子产品。

店铺描述：在店铺描述中详细介绍品牌故事、核心价值和主营产品。一个吸引人的描述能帮助买家更好地了解卖家的店铺，提高买家对卖家的信任度。例如，家居品牌"Umbra"在店铺描述中介绍了品牌的设计理念、产品的实用性和美观性，成功吸引了大量对设计有追求的客户。

店铺标志（Logo）：上传与店铺名称和品牌形象相一致的店铺标志，以增强品牌认知度。例如，运动品牌"Puma"的标志采用猎豹形象，简洁且充满动感，能够迅速让消费者联想到其运动产品。

二、联系信息设置

联系邮箱：设置一个专门用于处理客户咨询和售后事宜的邮箱，确保客户能够及时联系到自己。例如，家电品牌"Breville"在其店铺页面上提供了多个联系邮箱，以满足客户不同类型的服务需求。

联系电话：除了设置联系邮箱外，还需提供有效的联系电话，并注明人工客服的工作时间，以便买家在紧急情况下能及时与自己取得联系。例如，家具品牌"Wayfair"在其亚马逊店铺中列出了客户服务电话，为消费者提供便捷的咨询服务。

地址信息：填写准确的公司地址或发货地址，以便亚马逊和客户知晓您的店铺所在地。例如，时尚品牌"Levi's"在其店铺页面上提供了详细的公司地址以及不同城市仓库的地址信息，方便买家查找，增强了买家对该品牌的信任感。

三、运费和配送设置

配送政策：明确配送政策，包括发货时间、运输方式和收费标准。提供多种运输选项，如标准配送、加急配送和国际配送，以满足不同客户的需求。例如，电子品牌"JBL"提供了多种配送选项，满足了不同客户的需求。

免费配送：如果条件允许，设置免费配送选项以吸引更多买家。可以根据订单金额设定免费配送的门槛，鼓励买家增加购物金额。例如，美容品牌"Sephora"经常提供限时免费配送活动，吸引了大量的消费者。

退换货政策：制定清晰、友好的退换货政策，以增加买家的购物信心。在政策中注明退货的条件、流程和费用承担情况。例如，运动品牌"Adidas"提供了详细的退换货政策，并且承诺在一定期限内可以无理由退货，这极大地提升了客户的满意度。

四、店铺品牌设置

1．品牌备案

如果品牌已经注册商标，可以在亚马逊上进行品牌备案（Amazon Brand Registry）。品牌备案不仅可以保护卖家的知识产权，防止假冒产品，还给卖家提供更多的品牌推广工具。以下是品牌备案的详细步骤。

（1）确认品牌资格

在申请亚马逊品牌备案前，卖家需要确保品牌符合以下条件。

有效的商标注册：品牌必须在商标注册局（如美国专利商标局、欧盟知识产权局等）注册，包括文字商标、设计商标（含文字）或纯图形商标。

商标注册号：卖家需要提供有效的商标注册号。

商标类型：商标必须基于商品或服务类别注册，而不仅是名称或标志。

（2）登录亚马逊品牌备案页面

访问亚马逊品牌备案页面，使用亚马逊卖家账户登录。如果没有账户，需先创建。

（3）提交品牌信息

在品牌备案页面，按照提示提交以下信息。

品牌名称：填写与商标注册文件一致的品牌名称。

商标注册号：提供有效的商标注册号。

商标类型：选择商标类型（文字、设计或图形）。

商品和服务类别：选择品牌覆盖的商品或服务类别。

品牌 Logo 和图片：上传品牌 Logo 和代表性产品的图片。

（4）验证品牌所有权

亚马逊会验证提交的商标信息。验证过程通常包括以下步骤。

联系商标注册人：亚马逊会向商标注册文件中的联系人发送验证邮件，确保商标注册信息中提供的联系人能够访问其注册邮箱。

回复验证邮件：商标注册人需要按照邮件中的指示回复验证请求，以确认品牌所有权。

（5）品牌备案审核

提交信息后，亚马逊会对申请进行审核，可能需要几天至几周。审核通过后，卖家会收到确认邮件。

（6）使用品牌备案工具

使用品牌备案工具，具体如下。

增强品牌内容：使用多媒体内容（如图片、视频）丰富产品详情页面，提升产品展示效果和客户体验。

亚马逊 A+ 页面：创建包括品牌故事和详细产品信息的高级产品页面。

品牌保护工具：监控并报告假冒产品，维护品牌声誉。

品牌分析：获取详细的市场分析数据，了解客户行为和市场趋势。

品牌推广广告：使用亚马逊品牌推广广告，以提高品牌曝光率和产品销量。

2．品牌页面

创建品牌页面，以展示品牌背景、产品系列和优势。可以利用亚马逊品牌推广工具优化品牌页面，提高品牌曝光率。例如，厨具品牌"Le Creuset"在其品牌页面上展示了品牌历史、核心产品系列和名人代言信息，增强了品牌的吸引力。

五、产品分类和标签设置

1．产品分类

将产品正确分类，有助于买家快速找到所需商品。亚马逊提供了详尽的产品分类列表，以确保每个产品都能归入最合适的类别。例如，户外品牌"Patagonia"在产品分类时，将不同种类的户外服装和装备进行了清晰的分类，方便消费者进行查找。

2．标签设置

设置相关的产品标签和关键词，以提高产品在搜索结果中的排名。标签应涵盖产品的主要特点、用途和目标用户。例如，健康品牌"Garmin"在其产品页面上使用了"GPS 设备""健康监测""户外运动"等关键词，有效提高了产品的搜索曝光率。

六、账户安全设置

1．双重认证

启用双重认证（Two-Factor Authentication，2FA）来增加账号的安全性，防止未授权访问。以下是双重认证的步骤。

登录亚马逊卖家中心：使用账号和密码登录亚马逊卖家中心。

进入账户设置：点击卖家中心右上角的账户名称，选择"账户信息（Account Info）"。

启用双重认证：在账户信息页面，找到"双重认证（Two-Step Verification）"选项，点击"启用（Enable）"。

选择认证方法：选择短信验证或认证器应用程序（如 Google Authenticator 或 Authy）验证。

短信验证：输入手机号码，亚马逊将发送一次性验证码至手机。在登录时，您需要输入这个验证码。

认证器应用程序验证：下载并安装认证器应用程序，扫描亚马逊提供的二维码或手动输入密钥，生成一次性验证码。在登录时，您需要打开应用程序获取验证码并输入。

完成设置：按照提示完成双重认证的设置。您可以选择设置备用手机号码或电子邮箱，以便在主认证方法无法使用时进行备份认证。

测试双重认证：设置完成后，尝试注销并重新登录，验证双重认证是否正常工作。确保您能够接收到并正确输入一次性验证码。

2. 密码管理

使用复杂且独特的密码，并定期更换。避免使用易被猜测的密码，如生日或简单数字组合。例如，国际大牌"Nike"使用高强度的密码管理系统确保账号安全，并在全球性的数据泄露事件中保护了重要机密文件。

七、客户服务设置

1. 自动回复

设置自动回复邮件，确保客户在联系自己时能够收到及时的确认信息。这有助于提高客户的满意度和信任度。例如，厨房用品品牌"Oxo"在客户发送咨询邮件后，会自动回复确认邮件，并在 24 小时内提供详细答复。

2. 设置 FAQ 页面

在店铺中设置 FAQ（Frequently Asked Questions，常见问题解答）页面，以回答客户可能遇到的常见问题，减轻客户服务压力。例如，美容品牌"Estée Lauder"在其 FAQ 页面中解答了关于产品使用方法、成分、配送等常见问题，提高了客户自助服务的效率。

通过以上基础设置，卖家可以在亚马逊平台打下坚实的基础，提升店铺的专业形象和客户满意度。接下来，您可以进一步优化产品发布和 Listing，以提高产品的曝光率和销售转化率。

4.3 产品发布与 Listing 优化

产品发布是将商品推向市场的重要步骤，卖家需准确填写产品各项信息、选择高质量的产品图片，并合理设置产品分类和标签，以提高搜索可见性。Listing 优化是指在电子商务平台（如亚马逊、eBay 等）上，通过一系列策略和技术手段对 Listing 进行优化，以提高产品的搜索排名、点击率、转化率和销售额，这对跨境电商运营至关重要。经过优化的 Listing 能显著提高产品在平台上的可见性和吸引力，从而带来更多流量和订单。

以下是产品发布与 Listing 优化的详细指南，以及一些亚马逊店铺的成功案例。

一、创建新产品 Listing

1．登录亚马逊卖家中心

使用您的卖家账号和密码登录亚马逊卖家中心。

2．进入产品管理页面

在卖家中心主页，点击"库存"选项卡，然后选择"添加产品"。

3．选择产品分类

选择产品所属的分类。亚马逊提供了详细的分类列表，确保每个产品都能归入最合适的类别。

4．填写产品信息

产品名称：使用简洁且描述准确的名称，包含品牌、型号和关键特征。例如，电子品牌"RAVPower"的产品名称是"RAVPower 26800mAh Portable Charger with 3 USB Ports（RAVPower 便携式充电器，电池容量 26800mAh，配备 3 个 USB 端口)"。

产品描述：编写详细的描述，涵盖产品的功能、规格、使用方法和优势。使用简洁明了的语言，避免使用过多技术术语。

产品图片：上传高质量的多角度和细节图片。图片应清晰、专业，能够准确展示产品的特点和功能。

关键特性（Bullet Points）：列出产品的主要特点，帮助买家快速了解产品的优势。

搜索关键词：设置相关的搜索关键词，提高产品在搜索结果中的排名。关键词应包括产品特征、用途和目标用户。

5. 设置价格和库存

合理定价并设置库存数量，以提高产品的竞争力。

6. 选择配送方式

根据需要选择 FBA 或自配送。使用 FBA 可以提高配送效率和客户满意度。

☞ 案例

产品名称：RAVPower 26800mAh Portable Charger with 3 USB Ports

产品描述：RAVPower 的描述详尽地介绍了这款充电器的容量、充电速度、兼容性和安全特性。语言简洁明了，突出了产品的核心优势和对用户体验的关注。

产品图片：RAVPower 上传了多张高质量的产品图片，包括充电器的正面、背面、侧面视图和使用场景，全面展示了充电器的设计和功能。

关键特性：RAVPower 列出了产品的主要特点，如"高容量电池""三口输出""快速充电"和"多重保护功能"。

搜索关键词：RAVPower 精选了相关的搜索关键词，如"portable charger""26800mAh""3 USB ports""fast charging"，提高了产品在搜索结果中的排名。

二、优化产品 Listing

1. 优化产品标题

产品标题应包含品牌、产品名、关键特性和型号，简洁明了，且易于搜索。例如，家居品牌 "Umbra" 的产品标题是 "Umbra Trigg Hanging Planter Vase, Geometric Wall Decor, Small, White/Brass（Umbra Trigg 悬挂式花盆，几何形墙面装饰，小号，白色/黄铜色）"。

2. 优化产品描述

详细描述：用简洁明了的语言详尽描述产品的功能、规格、使用方法和优势，避免使用过多技术术语。

多媒体内容：添加高质量的图片和视频，展示产品的使用场景和特点，以增强产品的吸引力。

客户评价：鼓励客户评价，并及时回复客户的问题和建议。高质量的客户评价和积极的互动能够增强新客户的信任感和购买意愿。

3. 优化关键特性

列出产品的主要特点，做到简洁明了，易于理解，以便买家能够快速把握核心优势。

4. 优化搜索关键词

使用相关的搜索关键词，提高产品在搜索结果中的排名。关键词应涵盖产品的主要特征、用途和目标用户。

5. 使用增强品牌内容

如果品牌已注册，可以使用增强品牌内容来丰富产品详情页面，提升产品展示效果和客户体验。这个功能允许卖家使用图片、视频和图文并茂的内容展示产品。

☞ 案例

优化产品标题：Umbra 的产品标题现已包含品牌名称、产品名称、关键特性和型号。例如，产品标题 "Umbra Planter（Umbra 种植器）"，优化后是 "Umbra Trigg Hanging Planter Vase, Geometric Wall Decor, Small, White/

Brass"。优化后的标题不仅清晰地传达了产品信息，还能提高搜索结果的相关性。

优化产品描述：Umbra 的产品描述现已全面优化。例如，产品描述"Modern hanging planter, made of durable materials（现代悬挂式花盆，采用耐用材料制成）"，优化后更为详尽且吸引人："Umbra Trigg 悬挂式花盆采用现代几何设计，由优质陶瓷和金属材料制成，尺寸为 4.75×2.5×7.25 英寸，适合各种室内装饰。这款花盆不仅可以用来种植小型植物，还可以作为独特的墙面装饰品。"此外，Umbra 还添加了多张高质量的产品图片和使用场景视频，进一步增强了产品的吸引力。

优化关键特性：Umbra 列出了产品的主要特点。例如"现代设计""高品质材料""多用途"和"易于安装"。之前只有简单的特性描述，而优化后的特性描述更加具体、详尽，如"采用现代几何设计，适合各种室内装饰""由优质陶瓷和金属材料制成，确保耐用性""多用途设计，可用于种植小型植物或作为墙面装饰品""易于安装，包含所有必要的安装硬件"等。

优化搜索关键词：Umbra 使用了相关的搜索关键词。例如"hanging planter（悬挂式花盆）""geometric wall decor（几何形墙饰）""small vase（小花瓶）"，对比之前的"planter（花盆）"或"vase（花瓶）"更加具体和相关，从而提高了搜索引擎优化效果和产品曝光率。

使用增强品牌内容：Umbra 利用增强品牌内容丰富了产品详情页面，展示了品牌故事、设计理念和使用场景，提升了客户体验和品牌认知度。例如，之前的详情页面只有基本的文字描述和图片，而现在则包含了丰富的图文内容和视频，详细地展示了产品的使用方法和设计理念，增加了客户对品牌的信任和好感。

三、监控与优化

1. 监控产品表现

利用亚马逊卖家中心的数据分析工具，监控产品的销售、点击率、转化率和客户评价。根据数据分析结果，持续优化产品 Listing 和营销策略。

2．及时更新信息

根据市场反馈和客户需求，及时更新产品描述、图片和关键特性，保证产品信息准确、完整。

3．回应客户评价

积极回应客户评价，解决客户问题，提高客户满意度。高质量的客户服务可以增强客户的信任并提升他们的购买意愿。

4．调整价格和库存

根据市场竞争和需求变化，适时调整产品价格和库存策略，保持产品在市场上的竞争力。

☞ 案例

监控产品表现：Sephora 利用亚马逊卖家中心的数据分析工具监控产品的销售、点击率、转化率和客户评价。过去，Sephora 只简单地查看销售数据和客户评价；现在，他们使用如"销售仪表板"和"顾客评论分析"等数据详细分析工具，进行更深入的分析。通过这些工具，Sephora 能够识别哪些产品表现优异，哪些需要改进，从而持续优化产品 Listing 和营销策略。例如，如果某款产品的点击率高而转化率低，他们或许会重新优化产品描述和图片，以提高转化率。

及时更新信息：根据市场反馈和客户需求，Sephora 及时更新产品描述、图片和关键特性。以前，他们每季度更新一次产品信息，而现在，Sephora 每月甚至每周都会检查并更新产品信息。例如，如果客户反映某款化妆品的使用效果存在问题，Sephora 会立即更新产品描述，添加正确的使用方法和注意事项，同时上传新的高质量图片，以确保产品信息准确、完整。

回应客户评价：Sephora 积极回应客户评价，解决客户问题，提高客户满意度。过去，他们只对少数评价做出回应，但现在 Sephora 确保每条客户评价都能得到及时回复。这种高质量的客户服务增强了客户的信任感，并提升了客户的购买意愿。例如，对于负面评价，Sephora 会迅速联系客户，了解问题并提供解决方案，同时公开回复，展示其优质的售后服务。

调整价格和库存：根据市场竞争和需求变化，Sephora 调整产品价格和库存策略，以确保产品在市场中的竞争力。过去，Sephora 半年调整一次价格，但现在他们根据市场变化和竞争对手的定价，每月甚至每周调整价格。例如，Sephora 会在竞争对手推出促销活动时，迅速调整自己产品的价格和库存策略，以确保在价格竞争中保持优势。

通过以上步骤，卖家能够创建并持续优化产品 Listing，提高产品的曝光率和销售转化率。案例分析中，各品牌通过各自采取的措施，在亚马逊平台上获得了成功，为其他卖家提供了宝贵的经验和参考。

4.4 亚马逊站内广告策略

在亚马逊平台上，站内广告是提升产品曝光率和销售转化率的重要手段。合理的广告策略可以有效地吸引目标客户，提升品牌的知名度。以下是亚马逊站内广告策略的详细介绍，以及一些专家建议和学术研究。

一、广告形式

亚马逊提供了多种广告形式，卖家可以根据自身需求选择合适的广告形式。

赞助产品广告：将产品展示在搜索结果和产品详情页面中，旨在直接推动销售。它适合各种规模的卖家，特别是希望快速提升特定产品销量的卖家。

赞助品牌广告：通常位于搜索结果的顶部，包含品牌 Logo、自定义标题和多个产品。它有助于提升品牌知名度，并促进多个产品的销售。

赞助展示广告：通过亚马逊的展示广告网络，将产品展示给在亚马逊和其他网站上浏览过类似产品的客户。它适用于再营销和吸引潜在客户。

二、广告策略

1．关键词策略

选择关键词：根据产品特点和目标客户，选择相关性高、搜索量大的关键词。使用亚马逊的关键词研究工具（如亚马逊关键词规划师），卖家可以找到最佳的关键词。

选择匹配类型：亚马逊提供了广泛匹配、词组匹配和精确匹配三种关键词匹配类型，卖家可以根据不同的策略选择适合的匹配类型。广泛匹配可以覆盖更多潜在客户，但不够精准；词组匹配可以确保广告在包含关键词的搜索中显示；而精确匹配则只在搜索词与关键词完全匹配时显示广告。

2．竞价策略

动态竞价：亚马逊提供动态竞价策略，根据广告表现自动调整出价。"只降低出价（Down Only）"模式适用于保守策略，"提高和降低出价（Up and Down）"模式适用于更激进的策略。

优化竞价：定期审视广告表现，调整关键词出价，优化广告成本。例如，对表现良好的关键词提高出价，对表现不佳的关键词降低出价。

3．广告内容策略

优化广告文案：确保广告的标题和描述清晰、吸引人，突出产品的特点和优势。使用行动号召语，如"立即购买"或"查看详情"，以提升点击率。

使用高质量的图片和视频：使用高质量的产品图片和视频，展示产品的使用场景和独特卖点。视觉内容是吸引客户注意力的关键要素。

4．广告预算策略

设置预算：根据广告目标和预算，合理设置每日和总预算。这可以确保广告在整个推广周期内能持续获得曝光。

调整预算：根据广告表现逐步增加预算，特别是对表现良好的广告。这样可以避免一次性投入过多预算，广告效果不佳。

三、专家建议

专家建议 1：（由广告优化专家 Lara S．提出）

建议内容：卖家应定期分析广告数据，关注点击率（Click-Through Rate，CTR）、转化率（Conversion Rate，CVR）和广告支出回报率（Advertising Cost of Sale，ACOS），以优化关键词和竞价策略。具体实施方法如下。

（1）定期分析广告数据

设定分析周期：设定分析时间，如每周或每月定期检查广告表现，以获取详细的广告数据报表。

使用亚马逊广告报告工具：登录亚马逊卖家中心，进入"广告"部分，下载"广告活动报告"，包括 CTR、CVR 和 ACOS 等。

（2）关注关键指标

点击率：表示广告被点击的频率。CTR= 点击次数 / 展示次数。如果 CTR 较低，可能需要优化广告标题、图片或关键词。

转化率：表示点击广告后完成购买的频率。CVR= 完成购买次数 / 点击次数。如果 CVR 较低，可能需要优化产品详情页面、价格或客户评价。

广告支出回报率：表示广告支出占总销售额的比例。ACOS= 广告花费 / 广告带来的销售额。较高的 ACOS 表示广告成本过高，需要优化关键词出价或广告内容。

（3）优化关键词和调整竞价策略

优化关键词：在广告报告中查看各关键词的 CTR、CVR 和 ACOS，分析并识别出表现良好的关键词和表现不佳的关键词。根据监测结果，不断调整关键词选择和布局，优化内容质量，以适应搜索引擎算法的变化和用户需求的变化。

调整竞价策略：根据关键词的表现调整出价。对于 CTR 和 CVR 高、ACOS 低的关键词，提高出价以增加曝光和点击；对于 CTR 和 CVR 低、ACOS 高的关键词，降低出价或暂停投放。

专家建议 2：（由营销专家 John D. 提出）

建议内容：在竞争激烈的类目中，卖家应考虑增加品牌推广广告的投入，以提高品牌知名度和多个产品销量。具体实施方法如下。

（1）制定策略与增加预算

制定策略：针对目标类目，分析竞争对手的广告策略和投入，制订差异化的品牌推广计划。

增加预算：合理增加品牌推广广告的预算，确保广告能在关键时刻触达潜在客户，提高曝光率。

（2）优化广告

投放品牌故事广告：利用品牌推广中的"品牌故事"广告类型，展示品牌历史、核心价值和产品线，以增强客户对品牌的认知和好感。

设置多种广告素材：制作不同风格和内容的广告素材，进行 A/B 测试，找出最能吸引客户的广告形式。

利用品牌旗舰店：创建品牌旗舰店（Amazon Store），在广告中设置链接引导至品牌旗舰店，展示更多产品和品牌信息，从而提升品牌形象和客户体验。

（3）多个产品推广

推广新品和热销产品组合：在品牌推广广告中，将新品和热销产品进行组合推广，利用热销产品的高曝光率带动新品的销售。

跨类目推广：在广告中推广不同类目的产品，以扩大品牌的覆盖范围，吸引更多客户。

（4）持续检测与优化

持续检测并分析品牌推广广告的表现，包括点击率、转化率和销售额等指标。根据数据结果优化广告内容和关键词。

☞ 案例

关键词策略：Philips 在推广其电动剃须刀时，选择了高相关性关键词，如"electric shaver（电动剃须刀）""'men's grooming（男士护理）""Philips shaver（飞利浦剃须刀）"。同时，采用广泛匹配和精确匹配相结合的策略，覆盖更多潜在客户。

竞价策略：Philips 使用"动态竞价——提高和降低出价"模式，根据广告表现自动调整出价。在关键促销期（如"黑色星期五"），提高关键词的出价，以增加广告曝光率。

广告内容策略：Philips 的广告标题和描述突出了产品的核心优势，如"先进的剃须技术""皮肤保护系统"。在广告中，Philips 使用高质量的产品图片和演示视频，展示剃须刀的使用效果和独特卖点。

广告预算策略：Philips 设定了每日和总预算，以确保广告在整个推广周期内能够获得持续曝光。同时，Philips 根据广告表现逐步增加预算，特别是在表现良好的关键词和广告活动上。

通过这些广告策略，Philips 显著提高了电动剃须刀的曝光率和销售转化率，进一步巩固了其在亚马逊平台上的市场地位。

通过制定合理的亚马逊站内广告策略，卖家可以有效提升产品的曝光率和销售转化率。结合专家建议和学术研究，卖家可以不断优化关键词、竞价策略、广告内容和预算，实现最佳广告效果。案例分析中，Philips 通过精准的广告策略成功提升了产品销售，为其他卖家提供了宝贵的经验和参考。

第五章

亚马逊店铺运营技巧

5.1　日常运营管理理论

在亚马逊平台上，中小型企业要想成功运营店铺，需要高效的日常运营管理。以下是一些关于日常运营管理的理论知识。

一、企业社会学

企业社会学研究企业与其环境之间的相互关系，强调企业的社会责任和内部管理。高效的日常运营管理可以帮助企业在竞争中占据优势，并树立良好的社会形象。以下是企业社会学中的一些关键理论和观点。

1．组织文化理论

埃德加·沙因（Edgar H.Schein）提出的组织文化理论认为，组织文化是企业成功的关键因素之一。组织文化包括企业的价值观、信仰、仪式和行为规范。通过培养积极的组织文化和高效的日常运营管理，能有效提升员工的工作满意度和生产力。

2．社会资本理论

皮埃尔·布迪厄（Pierre Bourdieu）提出的社会资本理论认为，企业的社会资本，即企业与客户、供应商和其他利益相关者之间的关系，是企业成功的重要资源。通过高效的日常运营管理，企业可以建立和维护这种社会资本，从而提高竞争力。

二、大众心理学

大众心理学研究群体行为和心理。对于企业来说，能够理解消费者的需求和行为至关重要。通过有效的日常运营管理，企业可以更好地满足客户需求，提高客户满意度和忠诚度。以下是大众心理学中的一些关键理论和观点。

1．需求层次理论

亚伯拉罕·马斯洛（Abraham Maslow）的需求层次理论提出，人类的需求分为生理需求、安全需求、社交需求、尊重需求和自我实现需求五个层次。企业在日常运营管理中应关注客户在不同层次的需求，提供满足这些需求的产品和服务。

2．社会认同理论

亨利·塔杰费尔（Henri Tajfel）提出的社会认同理论认为，人们通过群体归属感来获得自我认同。企业在日常运营管理中应注重品牌的社会认同，通过构建品牌社区和加强客户互动，来增强客户的归属感和忠诚度。

三、飞轮理论

亚马逊的飞轮理论是由亚马逊创始人兼首席执行官杰夫·贝佐斯（Jeff Bezos）提出的一个商业战略模型，用于描述如何通过一系列互相促进的业务环节来持续推动公司的增长和成功。这个理论的核心在于，通过一系列相互促进的因素形成一个正反馈循环，从而使公司发展不断加速。

1．选品

亚马逊平台的目标是为消费者提供丰富的产品选择，同时在产品选择和购买过程中提供极大的便利。这不仅包括优化产品标题，使其与实际产品高度匹配，还包括详细填写产品的五点描述，以便消费者可以快速获取产品的核心属性和参数。此外，卖家还应注重产品主图和附图的制作、特殊产品视频的制作，以及产品描述和 A+ 页面的完善。这些措施有助于提升消费者在选择和购买产品过程中的便利性。

2．消费者体验

在保证产品质量的基础上，卖家还应从消费者的角度出发，致力于提供更好的购物体验。满意的消费者会通过口碑影响更多潜在客户，而不满意的消费者则可能通过负面评价影响更多人。因此，理解并适应中外消费文化的差异性至关重要。例如，欧美市场普遍接受 30 天无理由退货政策，这也是亚马逊要求实施 30 天无理由退货的原因之一。

3．流量

卓越的客户体验能带来更多的客户流量。增加流量的主要方法包括SEO优化、社交媒体营销和广告投放。通过优化产品标题、描述和关键词，可以提高搜索引擎排名，增加产品曝光度。同时，利用社交媒体平台推广产品，可以吸引更多潜在客户访问店铺。通过广告吸引目标客户群体，可以增加店铺访问量。

4．卖家

流量的增加吸引了更多的第三方卖家在亚马逊平台上销售产品。这些卖家和产品种类的增加，丰富了亚马逊的商品库，进一步提升了客户体验。亚马逊通过提供开放的平台和全面的支持服务，吸引第三方卖家入驻，并通过培训和技术支持，帮助卖家提高运营和销售能力。

5．更低价格

亚马逊倡导价格战，致力于通过更低的价格为消费者提供更高的性价比。平台的跟卖制度和购物车模式，使得价格最具竞争力的店铺更容易获得销量。卖家应接受并适应这种价格竞争机制，努力降低价格，以实现更高的销售额。

6．新产品优先原则

飞轮理论的核心是增长，这不仅包括买家和流量的增长，也涵盖供应商和卖家数量的增长。亚马逊希望不断有新卖家入驻，不断有新产品上架，以实现更低的价格、更优质的服务和更丰富的产品选择。新卖家和新产品在亚马逊平台上享有一定的流量支持，这为新入驻的卖家提供了巨大的发展机会。

通过理解和应用亚马逊的飞轮理论，跨境电商企业可以在激烈的市场竞争中保持竞争力。提供丰富的产品、提升客户体验、增加流量和吸引第三方卖家是飞轮理论的核心，通过这些互相促进的环节，企业可以形成正反馈循环，持续推动业务增长。

同时，跨境电商与传统电商在运营上有显著区别。企业需要根据这些区别制定相应的运营策略，并通过优化供应链管理、实施高效物流管理、精细化库存管理、提供高效客户服务和采用数据驱动的决策来构建低成本运营结构，以确保业务的长期稳定发展。

5.2 客户服务与评价管理

在亚马逊平台上，客户服务与评价管理是影响店铺成功的重要因素。买家问答（Customer Questions & Answers，Q&A）和产品评价（Review）是亚马逊产品详情页中的两个重要版块，它们不仅直接影响产品的转化率，还能显著提升客户体验。

一、买家问答版块

1. 买家问答版块的作用

买家问答是亚马逊产品详情页中的一个重要部分。这个版块主要用于用户间以及用户与卖家间的互动，讨论产品特性、功能和质量等问题。买家问答版块在详情页中占据显著位置，对产品转化率有重要影响。当产品的买家问答数量超过 3 个时，亚马逊会自动将其显示在产品页面标题下方，反之则不会显示。通过点赞（Vote）功能，买家和卖家可以对买家问答进行排名控制，点赞多的问题和回答排名会更靠前。

2. 买家问答版块的维护

对于新产品，增加买家问答的数量和活跃度非常重要。买家问答数量越多，页面的活跃度就越高，这有助于提高产品的转化率。建议在新品期准备 4 至 8 个买家问答，数量不宜过多，以免影响自然互动。通过增加买家问答的数量，可以向消费者展示更多关于产品的信息，从而提升消费者对产品的信任度和购买意愿。

3. 让买家参与问答

卖家可以联系曾经合作过的测评买家参与提问或回答，因为来自买家的问答会更具说服力。相比之下，卖家自己的问答缺乏客观性，效果可能不如买家的问答。

4．关键词埋入

买家问答中的关键词也会被亚马逊抓取和收录，因此在问题和答案中巧妙地埋入产品的核心关键词和长尾词，有助于提高相关关键词的搜索权重。例如，如果您的产品是护肤品，可以在买家问答中提及"保湿""抗皱""天然成分"等关键词，从而增加产品被搜索到的概率。

5．置顶重要问答

通过投票的方法，将重要的、可能提高转化率的问答置顶，使消费者一眼就能看到，从而提升帖子的热度和页面的转化率。置顶的问题和回答应当尽量详细且具有代表性，能够解答消费者的常见疑问，并且促进消费者下单购买。

二、评价管理

客户反馈是客户对所得服务的评价，包括产品质量、服务态度、产品包装、快递服务、售后服务等多个方面。它主要包括店铺反馈和产品评价这两个重要组成部分。

1．店铺反馈

店铺反馈的定义：店铺反馈主要涉及的是买家对卖家完成的交易整体体验的评价，涵盖物流、客服、包装等各个环节。店铺反馈会影响卖家的订单缺陷率，进而影响卖家的账户安全；而产品评价则直接影响产品的点击率和转化率。

店铺反馈的意义：店铺反馈反映了消费者对整个购物体验的满意度。正面的店铺反馈不仅有助于提升卖家的信誉，还能吸引更多的潜在买家。而负面的店铺反馈则可能对店铺的声誉和销售产生不良影响，因此需要认真对待和处理。

获取店铺反馈的方法：在亚马逊后台的订单页面使用"请求评论（Request a Review）"按钮，系统会自动发送邀请评价的邮件给买家。此功能既能获取产品评价，也能获得店铺反馈，是目前提高订单留评率既安全又高效的方法。

卖家应当充分利用这一功能，定期邀请买家留下反馈，尤其是那些满意度较高的订单，以增加积极反馈的数量。

2．产品评价

产品评价是专注于描述产品本身的质量、功能和实用性的评价，与店铺反馈不同。

（1）获取产品评价的方法

站内信邀请评价法：使用"请求评论"功能，邀请购买过产品的买家进行产品评价，既安全又高效。通过这种方式，卖家可以确保获取到真实且有价值的产品评价，进而提升产品的可信度和转化率。

产品卡片获评法：通过在产品包装中放入保修卡或品牌会员邀请卡，引导买家注册邮箱。获取真实的买家邮箱后，可以直接联系买家进行评价邀请。这种方式不但可以增加评价数量，还可以建立长期的客户关系，提升品牌的忠诚度。

亚马逊 Vine 计划：亚马逊 Vine 计划邀请值得信赖的评论者为新产品发表评论，以帮助其他买家做出购买决定。卖家提供免费产品给"买家评论者（Vine Voice）"以获取专业测评。买家评论者的评价通常较为详细且具有公信力，能够显著提升产品的转化率。

案例

某卖家通过亚马逊 Vine 计划，成功邀请了 10 位买家对新产品进行评价。数据显示，这些评价发布后，产品的转化率提升了 15%，销售额增加了 20%。

（2）产品评价的维护与优化

首页无差评：确保产品详情页前几条评论都是正面评价。通过增加好评的有用（Helpful）数量，让好评排在前面，减少差评对转化率的负面影响。卖家可以定期监控首页评论，及时处理负面评价，确保首页展示的都是积极的反馈。

联系客户删除差评：获取 5 个好评，不如删掉 1 个差评。作为亚马逊卖家，我们要具备处理差评的能力，尽可能降低差评对产品的负面影响。通过“联系买家”功能，卖家可以向客户提供补偿或解决方案，争取让客户删除差评。

优化星级评价：产品整体星级评价的计算采用加权平均法，而非简单的算术平均。

具体来说，影响星级评价的因素主要包括评论的时间、评论的有用数量和评论是否为验证购买（Verified Purchase）评价。

评论时间：存在时间越长的评论，权重越高，因为这些评论更值得信赖。

有用数量：获得更多有用投票的评论，权重更高，反映出这些评论对其他买家更有参考价值。

验证购买：验证购买评论的权重高于非验证购买评论，因为它们来自真实的购买行为。

因此，要增加长期存在的好评的有用数量，同时侧重于获取带有验证购买标志的评价。通过优化星级评价，可以提高产品的整体评分，从而吸引更多的潜在买家。

5.3 促销活动与销售策略

在亚马逊平台上，促销活动和销售策略是推动产品销售和提升品牌知名度的重要手段。通过合理设计和实施促销活动，卖家可以吸引更多的消费者，提高产品的转化率和销量。本节将探讨促销活动的理论基础、设计要点、理论应用以及未来的发展趋势，并提供成功的促销案例，以提供实际操作指导。

一、促销活动的理论基础

1. 促销活动的理论

促销活动是营销组合（产品、价格、渠道、促销）中的重要组成部分，通常包括价格促销、广告、公共关系、人员推销和直销等方式。促销的主要目的是刺激消费者产生购买行为，以增加产品销量，扩大市场份额。以下是几种主要的促销理论与原理。

AIDA 模型：AIDA 模型是一种经典的营销模型，描述了消费者在购买过程中的四个阶段，即注意、兴趣、欲望和行动。促销活动旨在通过吸引消费者的注意，激发其兴趣，引发其欲望，并促使其采取行动，进而推动销售。

销售漏斗：销售漏斗是一种表示销售过程中客户流动的模型，通过多个阶段来反映客户在购买过程中的不同状态。这些阶段通常包括访问、意向、购买、售后等，每个阶段都代表了一定的成功概率和销售任务。促销活动在销售漏斗的各个阶段发挥着重要作用，推动消费者从最初接触产品到最终购买的过程。销售漏斗可以帮助企业更好地理解销售过程，明确各个阶段的目标和策略，从而提高销售效率和转化率。

价格促销原理：价格促销通过折扣、优惠券、买一送一等方式降低产品价格，刺激消费者的购买欲望。根据经济学理论，价格下降通常会增加需求量，进而提高销量。

2. 促销活动的类型

价格促销: 包括折扣、优惠券、限时特价等，旨在通过降低产品价格来吸引消费者。

捆绑销售: 将多种产品组合起来进行销售，以优惠价格出售，旨在增加销售量。

赠品促销: 消费者购买特定产品时赠送赠品，旨在提升产品的附加值。

会员促销: 针对会员提供专属优惠和福利，旨在提高客户忠诚度和复购率。

节日促销: 在节假日期间推出特别的促销活动，旨在迎合消费者的购物和情感需求。

 案例

品牌：华为

产品：华为 P 系列智能手机

促销活动:"黑五"大促销

1. 活动设计与实施

"黑五"购物节期间，华为针对其 P 系列智能手机在美国推出了一系列促销活动，包括价格折扣、限时特价、赠品促销以及会员专享优惠。具体活动设计如下。

价格折扣: 华为 P 系列手机在"黑五"期间提供高达 20% 的折扣，吸引大量消费者关注和购买。

限时特价: 每天推出限时特价产品，限量抢购，营造紧迫感，激发消费者的购买欲望。

赠品促销: 购买华为 P 系列手机赠送无线耳机或智能手环，提高产品的附加值。

会员专享优惠: 华为会员可以享受额外的折扣和优先购买权，增加会员的忠诚度和满意度。

2. 活动效果与分析

销量：在"黑五"期间，华为 P 系列手机的销量大幅增长，同比增长率达到 50%。这说明促销活动成功吸引了大量消费者，有力推动了产品的销售。

品牌知名度：通过大规模的促销活动和广告宣传，华为的品牌知名度和市场影响力显著提升，进一步巩固了其在智能手机市场的地位。

客户满意度：赠品促销和会员专享优惠提高了消费者的满意度，增强了客户的忠诚度和品牌黏性。

二、促销活动的设计要点

1. 明确目标

在设计促销活动时，首先要明确活动的目标，是增加销量、提升品牌知名度还是提高客户满意度。目标决定着促销策略的选择和实施方式。

2. 精准定位

了解目标客户群体的需求和购买行为，有针对性地设计促销活动。通过市场调研和数据分析，精准定位目标客户，提升促销活动的效果。

3. 创意设计

创意是促销活动成功的关键。通过独特的创意和吸引人的活动内容，激发消费者的兴趣和购买欲望。利用节日、热点事件和社交媒体进行创意推广，增加活动的曝光度和参与度。

4. 多渠道推广

通过多渠道对促销活动进行推广，包括电商平台、社交媒体、搜索引擎、线下广告等。多渠道推广能够覆盖更多的潜在客户，提高活动的影响力。

三、促销活动的理论应用

1. AIDA 模型的应用

在促销活动中，AIDA 模型的各个阶段都需要得到重视和应用。

注意：通过广告、社交媒体以及电商平台等渠道，引起消费者的注意。

例如，华为在"黑五"期间通过大规模的广告宣传以及限时特价活动，成功吸引了大量消费者的关注。

兴趣：通过产品介绍、用户评价以及视频展示等方式，激发消费者的兴趣。华为通过详细的产品描述以及正面的用户评价，引起了消费者对 P 系列手机的兴趣。

欲望：通过价格折扣、赠品促销等方式，进一步引发消费者的购买欲望。华为的高折扣和赠品促销有效地提升了消费者的购买欲望。

行动：通过简便的购买流程和支付方式，促使消费者完成购买。华为在"黑五"期间提供快速、便捷的购买流程，确保消费者能够顺利完成购买。

2．销售漏斗的应用

销售漏斗模型在促销活动中的应用主要体现在以下几个方面。

吸引潜在客户：借助广告和社交媒体等渠道，吸引大量潜在客户进入销售漏斗的上层。华为通过广泛的广告宣传，成功吸引了众多潜在客户对其促销活动的关注。

培养兴趣：通过产品介绍和促销活动，培养潜在客户的兴趣，促使其逐渐向销售漏斗的中层移动。华为通过详细的产品介绍和限时特价活动，成功激发了消费者的兴趣。

转化销售：运用折扣、赠品和会员优惠等方式，将潜在客户转化为实际购买者，推动其进入销售漏斗的底层。华为的多种促销策略有效地推动了消费者的购买决策，提高了产品转化率。

四、未来促销活动的发展趋势

1．个性化促销

随着大数据和人工智能技术的发展，个性化促销将成为未来的重要趋势。通过分析消费者的购买行为和偏好，卖家可以为不同的消费者群体提供定制化的促销方案。例如，亚马逊利用其强大的数据分析能力，向消费者推荐他们可能感兴趣的产品，并提供个性化的折扣和优惠，从而提高转化率和客户满意度。

2．全渠道整合

全渠道整合是指通过整合线上和线下各类销售渠道，为消费者提供无缝的购物体验。未来的促销活动将更加注重全渠道整合，确保消费者无论是在电商平台、社交媒体还是实体店，都能享受到一致的促销优惠和服务。例如，华为的"黑五"促销活动就很好地结合了线上和线下的资源，通过多渠道推广，实现了销售额的大幅增长。

3．社交媒体营销

社交媒体在现代营销中扮演着越来越重要的角色。通过社交媒体平台进行促销活动，可以迅速扩大品牌的影响力，并与消费者进行互动。未来的促销活动将更多地依赖社交媒体，通过与网红合作、直播带货和用户生成内容等方式，吸引更多的消费者关注和参与。

4．移动端优先

随着移动互联网的普及，移动端购物已成为主流。未来的促销活动将更加注重优化移动端的用户体验，包括移动端的促销页面设计和购买流程，以确保消费者能够方便快捷地参与促销活动和完成购买。亚马逊在"黑五"期间，通过移动端 App 推送限时特价和优惠券，成功吸引了大量移动端用户参与促销。

5．环保与可持续性

随着环保意识的增强，消费者越来越关注品牌的社会责任和可持续发展能力。未来的促销活动将更多地关注环保和可持续性，通过推广绿色产品、减少包装浪费和开展公益活动，提升品牌形象和客户忠诚度。例如，许多品牌在促销活动中承诺将部分销售额捐赠给环保组织，赢得了消费者的好评和支持。

5.4　数据分析与运营优化

在亚马逊平台上，通过深入分析销售数据、客户行为和市场趋势，卖家可以制定出更加精准的运营策略，实现持续增长。数据分析和运营优化是推动企业增长的两个关键因素。本节将探讨数据分析的基本原理、实施步骤，以及如何通过数据分析来实现运营优化，同时提供一些案例作为参考。

一、数据分析的理论与原理

1. 数据驱动决策

数据驱动决策是指通过收集、分析和解释数据，以支持和优化商业决策的过程。这个理论强调，基于数据做出的决策比仅凭经验或直觉做出的决策更加科学和有效。

关键步骤

数据收集：全面收集与业务相关的数据，涵盖销售数据、客户数据、市场数据等。

数据分析：运用统计学方法和数据分析工具，对收集到的数据进行分析，发现潜在的趋势和规律。

数据应用：将分析结果应用于实际的商业决策中，不断优化和调整策略。

2. 数据挖掘

数据挖掘是从大量数据中挖掘出有价值的模式和知识的过程。它是数据分析的重要工具，借助数据挖掘，卖家可以识别出潜在的商机和风险。

关键技术

分类：将数据划分为不同的类别，以用于预测分类标签。

聚类：将数据进行分组，从而发现相似性和差异性。

关联规则：发现数据项之间的关联关系，例如购物篮分析。

回归分析：用于预测数值变量的未来走向。

二、数据分析的实施步骤

1．明确分析目的

在开始数据分析之前，首先要明确分析的目的，是为了提高销售额、优化库存管理、提升客户满意度，还是其他目的。明确的目标将指导数据分析的方向和方法。

☞ 案例

某卖家的分析目的是提高某款产品的销售额。他们决定通过分析销售数据和客户行为，找出影响销售的关键因素，并制定优化策略。

2．数据收集

全面收集与业务相关的数据。这些数据可以来自亚马逊卖家后台、第三方数据分析工具（如 Jungle Scout、Helium 10）以及市场调研报告。主要包括以下几点。

销售数据：订单数量、销售额、退货率等。

客户数据：客户购买行为、评价、问答等。

市场数据：行业趋势、竞争对手分析等。

3．数据清洗

数据清洗是指去除数据中的噪音和错误，让数据更加准确和可靠。常见的数据清洗方法包括删除重复数据、处理缺失值和校正错误数据。

☞ 案例

在数据清洗过程中，某卖家发现其销售数据中有多条重复的订单记录。删除这些重复记录后，数据分析的准确性得到了提升。

4．数据分析

利用数据分析工具和技术，对清洗后的数据进行深入分析。常用的分析方法包括描述性分析、诊断性分析、预测性分析和规范性分析。

主要分析工具

Excel：适用于基本的数据分析和可视化。

Google Analytics：用于分析网站流量和用户行为。

Tableau：强大的数据可视化工具，适用于复杂的数据分析。

R 和 Python：用于高级数据分析和建模。

（具体的数据分析工具与报表制作说明将会在第九章中详细给出）

5．对分析结果进行应用

将分析结果转化为具体的运营优化措施。根据数据分析的结果，制定相应的销售策略、营销计划和运营优化方案。

案例

某卖家通过数据分析发现，旗下某款产品在特定时间段的销量明显增加。根据这一发现，他们决定在该时间段加大广告投放和促销力度，从而进一步提升销售额。

三、运营优化策略

运营优化是指通过改进流程、提高效率和降低成本来提升企业的整体运营表现。以下是一些基于数据分析的运营优化策略。

1．销售策略优化

通过数据分析，卖家可以识别出影响销售的关键因素，并制定优化策略。例如，调整产品定价、优化产品描述和图片、改进客户服务等。

案例

某卖家通过数据分析发现，产品的图片质量直接影响了点击率和转化率。

于是，他们重新拍摄了高质量的产品图片，结果点击率提升了 15%，转化率提升了 10%。

2. 库存管理优化

通过分析库存数据，卖家可以优化库存管理，避免出现缺货和库存积压的情况。常用的库存管理策略包括 JIT（Just-In-Time）库存管理、ABC 分类法等。

案例

某卖家通过数据分析发现，某些产品的销量季节性变化较大。于是，他们采用 JIT 库存管理策略，在销售旺季增加库存，在淡季减少库存，从而降低了库存成本。

3. 营销策略优化

通过分析市场数据和客户行为，卖家可以优化营销策略，提高广告投放的效果和客户转化率。常用的营销策略包括 SEO 优化、社交媒体营销、邮件营销等。

案例

某卖家通过分析发现，社交媒体广告的转化率高于搜索引擎广告。于是，他们增加了在社交媒体平台上的广告投放，结果销售额增长了 20%。

第六章

跨境支付与金融服务

6.1 跨境支付市场概述

跨境支付是跨境电商的重要组成部分，涉及不同国家和地区之间的货币交易和资金流动。随着全球化和电子商务的快速发展，跨境支付市场也在迅速扩大。

跨境支付市场涵盖各种金融服务和支付解决方案，用于支持不同国家和地区之间的货币交易。这一市场不仅涉及电子商务平台和跨境电商卖家，还包括金融机构、支付服务提供商和技术公司。

一、跨境支付的定义和类型

跨境支付指的是在不同国家和地区之间进行的货币交易。根据支付方式和参与方的不同，跨境支付可以分为以下几种类型。

银行转账：通过银行进行的国际汇款和支付，是传统的跨境支付方式。

国际信用卡支付：使用国际信用卡进行的支付，如 Visa、MasterCard（万事达）、American Express（美国运通）等。

第三方支付平台：通过第三方支付平台进行的支付，如 PayPal（贝宝）、支付宝、微信支付等。

电子钱包：使用电子钱包进行的支付，如 Apple Pay（苹果支付）、Google Wallet（谷歌钱包）等。

加密货币支付：使用比特币、以太坊等加密货币进行的支付。

二、跨境支付市场的现状

随着全球电子商务的快速发展，跨境支付市场也在不断扩大。据统计，全球跨境电商销售额从 2014 年的 3000 亿美元增长到 2020 年的超过 1 万亿美元，预计未来几年将继续保持高速增长态势。这一市场的快速扩张主要受以下几个因素的推动。

电子商务的普及：越来越多的消费者选择在网上购物，跨境电商成为他们购买海外商品的重要途径。

技术的进步：支付技术和金融科技的快速发展，使得跨境支付更加便捷、安全和高效。

全球化的推进：全球贸易和投资的增加，推动了跨境支付需求的增长。

政策支持：许多国家和地区出台了支持跨境电商和跨境支付的政策，促进了市场的发展。

三、跨境支付市场的挑战

尽管跨境支付市场发展迅速，但仍面临一些挑战，这些挑战主要包括以下几点。

汇率波动：不同国家和地区的货币汇率波动，给跨境支付带来了不确定性和风险。

法律和监管：不同国家和地区的法律和监管要求不同，给跨境支付带来了合规风险以及操作上的复杂性。

安全性：跨境支付涉及大量的资金流动，存在一定的安全风险，如欺诈、洗钱以及数据泄露等。

成本：跨境支付通常涉及汇款手续费、货币兑换费等，增加了支付成本。

四、主要参与者和解决方案

跨境支付市场有多个参与者，包括金融机构、支付服务提供商和技术公司。这些参与者提供各种跨境支付解决方案，以满足不同客户的需求。

1．主要参与者

银行：传统银行是跨境支付的主要提供者，通过国际汇款和信用卡支付等业务，支持不同国家和地区之间的货币交易。

第三方支付平台：如 PayPal、支付宝、微信支付等，通过提供便捷的支付接口和多种支付方式，支持跨境电商和国际贸易。

金融科技公司：如 TransferWise、Stripe、Payoneer 等，利用技术创新提供高效、低成本的跨境支付解决方案。

加密货币平台：如 Coinbase、BitPay 等，利用加密货币进行支付，为跨境支付提供了新选择。

2．解决方案

多币种账户：允许用户在一个账户中持有和管理多种货币，方便进行跨境支付和汇款。

实时汇率：提供实时汇率信息，帮助用户在跨境支付时选择最佳汇率，减少汇兑损失。

自动化支付流程：利用自动化技术提高支付处理效率，减少人工干预和操作错误。

安全认证：采用多重身份验证和加密技术，提高跨境支付的安全性，防范欺诈和数据泄露。

五、跨境支付的未来趋势

随着技术的不断进步和市场的不断发展，跨境支付领域将出现以下几大发展趋势。

区块链技术的应用：区块链技术具有去中心化、透明和安全的特点，将在跨境支付中得到广泛应用，提高支付效率和安全性。

人工智能和大数据分析：通过人工智能和大数据分析技术，提供个性化的支付解决方案，优化支付流程和提升用户体验。

全球统一支付标准：随着跨境支付市场的不断发展，全球范围内将逐步形成统一的支付标准和规范，以简化支付流程、降低支付成本。

移动支付的普及：移动支付将继续快速增长，成为跨境支付的重要方式，为消费者提供更加便捷的支付体验。

跨境支付市场在全球电子商务和跨境贸易中扮演着重要角色。尽管面临汇率波动、法律和监管、安全性和成本等挑战，但随着技术的进步和市场的发展，跨境支付将不断创新和优化，为企业和消费者提供更加高效、安全和便捷的支付解决方案。中国卖家在跨境贸易中充分利用这些先进的支付和金融服务，能够实现业务的全球拓展和持续增长。

6.2 支付通道与系统设计

支付通道（Payment Gateway）是指在商家与银行之间传递支付信息的技术和服务。在跨境电商中，支付通道的选择以及系统设计至关重要。一个高效、安全、灵活的支付系统不仅能提高交易成功率，还能提升客户体验，增加销售额。以下将详细介绍跨境支付通道的类型、系统设计的关键要素以及针对中国卖家的实际应用建议。

一、支付通道的类型

支付通道（Payment Gateway）是指在商家与银行之间传递支付信息的技术和服务。主要的支付通道类型包括国际信用卡支付、第三方支付平台、电子钱包、加密货币支付和银行转账。其中，国际信用卡支付通过全球通用的信用卡进行在线交易；第三方支付平台则由独立的服务商提供支付处理服务，方便商家接收款项；电子钱包允许用户存储资金并进行在线支付；加密货币支付使用比特币等加密货币进行交易；而银行转账则是通过银行系统直接转账的方式进行支付。

二、支付系统设计的关键要素

设计一个高效的跨境支付系统需要考虑多个关键要素，以确保系统的安全性、稳定性以及用户良好的体验。

1．多币种支持

跨境支付系统需要支持多种货币，以满足不同国家和地区客户的需求。系统应能自动识别客户所在地的货币，并进行实时汇率转换。

2．支付网关集成

支付网关是连接商家和支付处理方的桥梁，系统需要集成多个支付网关，以提供多样化的支付方式，提高交易成功率。

首先，选择合适的支付网关服务商，如 PayPal、Stripe、Alipay 和 WeChat Pay 等，确保覆盖主要市场以及客户常用的支付方式。然后，获取各支付网关的 API 密钥和集成文档，这些信息通常需在支付服务商的开发者门户网站上寻找。

其次，按照支付网关的集成文档，开发接口代码，将支付网关的 API 集成到商家网站或应用中。这包括设置支付请求、处理支付响应以及管理支付状态等。确保支付流程的安全性，可采用 SSL（Secure Sockets Layer，安全套接层）加密并遵循 PCI DSS（Payment Card Industry Data Security Standard，支付卡行业数据安全标准）标准。

再次，为不同支付方式设计友好的用户界面，确保客户在选择和使用支付方式时的便捷性。

最后，进行全面测试，确保所有支付网关集成都能够正常运行，应对各种支付场景和异常情况。

3．高水平的安全性

支付系统必须具备高水平的安全性，以防止欺诈和数据泄露。常见的安全措施包括 SSL 加密、PCI DSS 合规、多因素认证等。具体实现方法如下。

首先，获取并安装 SSL 证书，确保所有数据传输都通过 HTTPS 协议进行，以加密保护数据在传输过程中的安全性。

其次，遵循 PCI DSS 标准，进行安全审计和合规性检查，确保支付系统符合国际安全标准。

最后，实施多因素认证（Multi-Factor Authentication，MFA），通过增加额外的验证步骤，如短信验证码、邮件验证或生物识别技术，提高账户的安全性，以防止未经授权的访问。

这些措施能够有效保护跨境支付的安全，提升客户信任度。

4．高度的便捷性

简洁、直观的支付界面和流程可以提升客户体验，减少支付过程中的困惑和放弃率。支持一键支付、自动填写信息等功能，进一步提高便捷性。

5．快速的支付处理

快速的支付处理可以提高客户满意度和交易成功率。系统应优化支付流程，减少处理时间。

6．及时的支付状态通知

及时通知客户支付状态，包括支付成功、支付失败以及退款等信息，可以增强客户信任，提升服务质量。

7．本地化服务

针对不同国家和地区，提供本地化的支付服务和支持，如本地支付方式、语言支持和客户服务，提升客户体验。

三、针对中国卖家的实际应用建议

中国卖家在选择跨境支付通道和设计支付系统时，需要综合考虑国际市场的多样性和自身的业务需求。以下是一些实际应用建议。

1．选择多样化的支付通道

中国卖家应选择多样化的支付通道，以满足不同国家和地区客户的支付习惯。推荐集成包括国际信用卡支付、第三方支付平台（如 PayPal、支付宝、微信支付）、电子钱包和银行转账在内的多种支付方式。

2．提高支付系统的安全性

确保支付系统具备高水平的安全性，以防止欺诈和数据泄露。通过采用 SSL 加密、遵循 PCI DSS 标准和实施多因素认证等措施，确保交易过程的安全。

3．提供本地化支付服务

针对不同国家和地区的客户，提供本地化的支付服务与支持。包括本地支付方式、语言支持和本地客户服务，以提升客户体验。

4．使用多币种结算并提供实时汇率转换功能

跨境支付系统应支持多币种结算，并提供实时汇率转换功能。这样可以方便客户使用本地货币支付，同时卖家也能及时将其转换成所需货币。

5．提升支付处理速度

优化支付流程，提升支付处理速度，以减少客户等待时间。可以通过优化系统架构和采用快速支付处理技术来实现。

6．提供支付状态通知

及时通知客户支付状态，包括支付成功、支付失败以及退款等信息，以增强客户信任，提升服务质量。

跨境支付通道和系统设计是跨境电商成功的关键因素。中国卖家在跨境电商领域，充分利用这些先进的支付和金融服务，可以实现业务的全球拓展和持续增长。通过实际应用案例的分析，企业可以借鉴和优化自身的支付系统设计，提升跨境电商业务的竞争力和客户满意度。

6.3 全球汇款与购付汇

在跨境电商中，全球汇款（Global Remittance）和购付汇（Foreign Exchange Purchase and Payment）是确保资金顺畅流动的关键环节。一个高效且安全的汇款和购付汇系统不仅能提高交易效率，还能降低运营成本，提升企业的国际竞争力。以下将详细介绍全球汇款的定义与主要方式，购付汇流程的关键步骤，以及全球汇款与跨境支付的区别，并指导如何在相关平台进行操作。

一、全球汇款的定义与主要方式

全球汇款指的是在不同国家和地区之间进行的货币转移。全球汇款的主要方式包括以下几点。

1．银行转账

银行转账是最传统的汇款方式，通过银行网络将资金从一个国家转移到另一个国家。这种方式虽然安全性高，但处理时间较长且费用较高。

2．国际电汇

国际电汇是一种常见的跨境汇款方式，它通过SWIFT（Society for Worldwide Interbank Financial Telecommunications，环球同业银行金融电讯协会）网络将资金从一个银行账户转移到另一个银行账户。这种处理方式速度较快，但费用较高。

3．第三方汇款服务

通过第三方汇款服务提供商进行跨境汇款，如 MoneyGram、Western Union 等。这种方式速度快、操作方便，但费用相对较高。

4．在线支付平台

通过在线支付平台进行跨境汇款，如 PayPal、支付宝、Payoneer 等。这种方式具有速度快、费用低、操作简单等优点，被广泛应用于跨境电商领域。

5．加密货币转账

利用比特币、以太坊等加密货币进行跨境转账。这种方式是通过区块链技术来实现资金的安全、快速、低成本转移，适用于特定的跨境交易场景。

二、购付汇流程的关键步骤

购付汇是指在跨境贸易中，企业或个人进行货币兑换和支付的过程。购付汇的流程和关键步骤包括以下几点。

1．确认交易金额和货币

在跨境交易中，卖家和买家需要确认交易金额和支付的货币类型。跨境电商平台通常会支持多种货币支付，买家可以选择适合的货币。

2．选择服务提供商

企业或个人可以选择银行、第三方支付平台或外汇经纪公司等购付汇服务提供商进行货币兑换和支付。选择合适的服务提供商可以提高购付汇效率，降低汇兑成本。

3．进行货币兑换

根据交易金额和货币类型，通过购付汇服务提供商进行货币兑换。在兑换时需要关注汇率的波动，选择最佳汇率进行兑换，以减少汇兑损失。

4．支付交易款项

完成货币兑换后，通过支付通道将交易款项支付给卖家或供应商。支付时需要确认支付方式、支付金额和收款账户信息，确保支付顺利进行。

5．汇款确认与记录

支付完成后，购付汇服务提供商会向企业或个人提供汇款确认信息。企业或个人需要保存相关交易记录，以便日后查询和核对。

三、全球汇款与跨境支付的差异

从卖家的角度来看，全球汇款与跨境支付虽然都涉及资金的跨境转移，但它们在使用场景、功能和操作等方面有显著的不同。

1．使用场景

全球汇款：通常用于卖家与供应商之间的大额资金转移，如支付采购款、支付员工工资或处理其他经营费用。全球汇款更适合 B2B 交易。

跨境支付：主要用于卖家与买家之间的小额资金转移，如消费者在线购买商品时的支付。跨境支付更适合 B2C 交易。

2．功能和操作

全球汇款：全球汇款的功能主要是将资金从一个国家转移至另一个国家，通常通过银行或第三方汇款服务进行。汇款过程可能需要几天时间，涉及的手续较为繁杂、费用较高，适合大额交易。

跨境支付：跨境支付更注重便捷性和速度，通过在线支付平台或电子钱包进行实时或近乎实时的支付。跨境支付费用相对较低，操作简单，适合小额和频繁的交易。

3．交易成本

全球汇款：由于涉及银行间的资金转移，全球汇款的手续费和汇率损失均较高，且不同银行和服务提供商的收费标准可能不同。卖家需要考虑汇款成本对整体利润的影响。

跨境支付：跨境支付的交易成本较低，通常只需支付小额的手续费。在线支付平台和电子钱包的使用可以大大降低交易费用，提高交易效率。

4．安全性和合规性

全球汇款：全球汇款通过正规渠道（如银行）进行，具有较高的安全性，符合各国的金融法规和合规要求。卖家需要确保收款人和银行账户信息的准确性，以防交易失败。

跨境支付：跨境支付系统通常采用先进的安全措施，如 SSL 加密、PCI DSS 标准和多因素认证，保证交易安全。同时，卖家需要确保支付平台的合规性，遵守相关的法律法规。

四、相关平台操作示例

1．使用 PayPal 进行全球汇款和购付汇

PayPal 是一个被广泛使用的在线支付平台，为全球商户和消费者提供便捷的全球汇款和购付汇服务。以下是使用 PayPal 进行全球汇款和购付汇的操作步骤。

创建 PayPal 账户：访问 PayPal 官网注册并创建账户，绑定银行卡或信用卡。

确认交易金额和货币：在跨境交易中，确认交易金额和支付的货币类型。

进行货币兑换：通过 PayPal 的货币兑换功能，根据实时汇率将资金从本地货币兑换成目标货币。

完成支付操作：选择支付方式（如信用卡、借记卡或 PayPal 余额），输入收款方账户信息，并确认支付。

获取汇款确认并记录：支付完成后，PayPal 会发送交易确认邮件，妥善保存交易记录以便日后查询。

2．通过银行进行国际电汇

银行国际电汇是一种传统的跨境汇款方式，适用于大额交易。以下是通过银行进行国际电汇的操作步骤。

选择银行并开设账户：选择一家提供国际电汇服务的银行，并在该银行开设账户。

确认交易金额和货币：确认交易金额和支付使用的货币类型。

填写汇款单：在银行填写国际电汇单，提供收款人姓名、收款银行的名称、收款银行 SWIFT 代码和收款账号。

缴纳手续费：支付国际电汇的手续费和汇兑费用。

确认汇款：银行处理汇款后，将提供汇款确认信息，妥善保存交易记录。

3．利用加密货币进行跨境转账

加密货币转账是一种新兴的跨境汇款方式，它通过区块链技术实现安全、快速、低成本的资金转移。以下是利用加密货币进行跨境转账的操作步骤。

选择加密货币平台并注册：选择一家可靠的加密货币交易平台，并开设

账户。

购买加密货币：在平台上购买所需的加密货币，如比特币或以太坊。

确认交易金额和货币：确认交易金额和支付使用的加密货币类型。

执行转账：输入收款人的加密货币地址，确认转账金额，然后执行转账操作。

确认转账：区块链网络处理转账后，将提供转账确认信息，妥善保存交易记录。

全球汇款和购付汇流程是跨境电商交易中不可或缺的环节。选择合适的汇款方式和购付汇服务提供商，可以提高交易效率，降低运营成本。通过了解和掌握全球汇款与购付汇流程，企业和个人可以更好地管理跨境交易中的资金流动，从而提升国际竞争力。

6.4 跨境收款与结汇

在跨境电商领域，跨境收款（Cross-Border Payment Collection）与结汇（Foreign Exchange Settlement）是确保资金顺利回流并转化为本地货币的关键环节。一个有效的跨境收款和结汇系统不仅能提高资金使用效率，还能降低运营成本，提升企业的国际竞争力。以下是跨境收款与结汇的定义、区别、关键步骤及注意事项的详细介绍。

一、跨境收款与结汇的定义

跨境收款是指在跨境电商交易中，卖家收取不同国家和地区买家的货款的过程。其主要方式包括国际信用卡、第三方支付平台、电子钱包、银行转账和加密货币支付等。

结汇是指将收到的外币兑换为本地货币的过程。其主要方式包括通过银行结汇、使用第三方结汇服务（如 Payoneer、TransferWise 等）和通过外汇经纪公司进行货币兑换。

二、跨境收款与结汇的区别

从卖家的角度来看，跨境收款与结汇在使用场景、操作流程和风险管理上有明显的区别。

1. 使用场景

跨境收款：主要用于从不同国家和地区的买家收取货款，适合 B2C 交易。

结汇：主要用于将收到的外币兑换为本地货币，是企业内部资金管理的一部分。

2. 操作流程

跨境收款：包括选择支付方式、设置收款账户、确认交易金额与货币类型、确认收款等步骤。

结汇：包括选择结汇服务提供商、确认兑换金额与货币种类、执行货币兑换、管理兑换后的资金等环节。

3．风险管理

跨境收款：重点在于防范支付欺诈和保障资金安全，需采用 SSL 加密、多因素认证等安全措施。

结汇：重点在于控制汇率波动带来的风险和确保合规，需关注汇率变动并选择最佳兑换时机。

三、跨境收款与结汇的关键步骤

1．选择收款方式

根据业务需求和客户习惯，选择合适的跨境收款方式，如国际信用卡、第三方支付平台或银行转账等。

2．设置收款账户

在选择的支付平台或银行开设收款账户，并获取账户信息，如账号、SWIFT 代码等，以便客户进行支付。

3．确认交易金额和货币类型

在跨境交易中，确认交易金额和支付的货币类型，确保收款金额和货币种类正确。

4．收款确认

在客户完成支付后，支付平台或银行会发送收款确认信息，企业需及时确认收款情况，更新交易记录。

5．进行结汇

企业根据自身的资金需求，通过银行或第三方结汇服务将收到的外币兑换为本地货币。关注汇率变动，并选择最佳汇率进行兑换，以减少汇兑损失。

6．资金管理

将结汇后的本地货币存入企业的本地账户，并进行资金管理和分配，以满足运营需求。

四、跨境收款与结汇的注意事项

企业应关注汇率波动，并选择恰当的时机进行结汇，以实现收益最大化。以下是一些具体方法和实际案例。

1．实时汇率监控

使用实时汇率监控工具，及时了解市场汇率变化，选择汇率较佳的时机进行结汇。例如，可以使用 Bloomberg 或 XE 等汇率工具来监控汇率。

2．定期汇率分析

与银行或专业外汇分析师合作，定期分析汇率走势，预测未来汇率趋势，制定相应的结汇策略。

3．分批结汇

将大额资金分批结汇，避免一次性结汇带来的汇率风险。分散结汇时间，选择不同的汇率时点，从而减少汇兑损失。

4．使用外汇期货或期权

利用外汇期货或期权等金融工具，对冲汇率波动风险。通过签订外汇期货合约或购买外汇期权锁定未来某一时间点的汇率，以确保结汇收入的稳定性。

案例

华为的外汇管理策略在业界堪称典范。面对复杂的国际市场和汇率波动风险，华为通过运用一系列先进的外汇风险管理工具和技术，成功保护了公司的外汇收入和国际业务运营。以下将详细介绍华为的外汇管理策略，并通过具体数据和专家分析来展示其成功的经验。

1. 实时监控汇率

华为运用尖端的外汇交易平台和实时数据监控系统，24小时不间断地监控全球主要货币的汇率变化。借助先进的技术手段，华为可以迅速获取汇率的最新信息，并根据市场变化快速做出反应，优化结汇策略。

据报道，华为每年处理的外汇交易额超过500亿美元，其外汇管理系统可以实时监控超过100种货币的汇率变动。通过这种实时监控，华为能够在汇率波动较大时及时调整结汇策略，从而避免不必要的损失。

2. 定期进行汇率分析

华为拥有一支专业的外汇分析团队，定期对全球经济形势和货币市场进行深入分析，预测汇率变化趋势。通过分析全球主要经济体的货币政策、经济数据和地缘政治风险，华为可以制定出科学的外汇风险管理策略。

华为的外汇分析团队每月都会发布《汇率风险管理报告》，详细分析各主要货币的走势和潜在风险。据悉，依靠这些分析，华为每年在外汇成本上节省的资金高达数千万美元。

3. 分批结汇策略

为了降低汇率波动带来的风险，华为采取了分批结汇的策略。通过将大额外汇收入分成若干批次结汇，华为分散了汇率风险，避免了一次性结汇可能带来的汇率波动风险。

根据华为财报数据，2019年至2021年间，分批结汇策略为华为公司节省了超过1亿美元的外汇成本。这一策略不仅降低了风险，还提高了公司的资金使用效率。

4. 使用外汇期货与期权

华为积极利用外汇期货和期权等衍生工具进行汇率风险对冲。通过签订外汇期货合约或购买外汇期权，华为能够锁定未来的汇率，确保外汇收入的稳定性。

华为每年在外汇衍生品市场上的交易额超过50亿美元，运用这些衍生工具，华为成功对冲了超过90%的汇率波动风险。例如，在2019年，华为通过外汇期货和期权交易避免了约2亿美元的潜在汇兑损失。

跨境收款与结汇是跨境电商中不可或缺的环节。通过了解和掌握跨境收款与结汇的关键步骤和注意事项，企业不仅可以提高资金回流效率，降低成本，还能通过精准把握汇率波动，选择最佳结汇时机，实现收益最大化。中国卖家应充分利用这些先进的收款和结汇服务，实现业务的全球扩展和持续增长。通过分析实际案例，企业可以借鉴成功经验并优化自身的收款与结汇流程，提升业务的竞争力和客户满意度。

第七章

跨境支付的监管与合规

7.1 跨境支付的监管框架

跨境支付涉及多个国家和地区的监管机构和法律法规。确保支付行为的合法性和合规性是跨境电商企业运营中的重要一环。以下将介绍跨境支付的监管框架，涵盖主要的国际监管机构、关键法律法规和合规要求。

一、国际监管机构

1. 金融行动特别工作组（Financial Action Task Force，FATF）

FATF 是一个政府间组织，致力于制定和推广国际反洗钱（Anti-Money Laundering，AML）和反恐融资（Combating the Financing of Terrorism，CFT）标准。其成员包括世界上大多数主要经济体。FATF 发布的《反洗钱和反恐融资国际标准》为全球跨境支付的合规提供了指导框架。

2. 国际清算银行（Bank for International Settlements，BIS）

BIS 是一个国际金融机构，旨在促进各国中央银行之间的合作并提供银行服务。BIS 发布的《支付和结算系统中的核心原则》为跨境支付系统的监管提供了指导原则。

3. 金融稳定理事会（Financial Stability Board，FSB）

FSB 致力于促进全球金融系统的稳定，监督全球金融体系，并提出金融监管改革的建议。其发布的《全球系统重要性金融机构的监管框架》对跨境支付领域的合规性提出了具体要求。

二、关键法律法规

1. 中国《反洗钱法》

中国《反洗钱法》规定了金融机构在进行跨境支付时必须遵守的反洗钱

和反恐融资规定。该法律要求金融机构建立客户识别制度、交易监控制度和可疑交易报告机制。

2．欧盟《支付服务指令2》（*Payment Services Directive 2*，PSD2）

PSD2是欧盟成员国必须遵守的法律框架，旨在提高支付服务市场的竞争性和创新性，并加强支付服务的安全性和消费者保护。PSD2规定了支付服务提供商必须满足的合规要求，包括强身份验证（Strong Customer Authentication，SCA）和透明度要求。

三、合规要求

1．实施客户身份识别（Know Your Customer，KYC）

KYC是跨境支付合规的基础要求。金融机构和支付服务提供商必须对客户进行身份验证，确保其合法性，包括收集客户的基本信息、身份证明和地址证明文件等。

2．建立反洗钱和反恐融资制度

金融机构和支付服务提供商必须建立反洗钱和反恐融资制度，涵盖客户尽职调查（Customer Due Diligence，CDD）、交易监控和可疑交易报告。他们需遵守FATF和各国相关法律法规，以防跨境支付被用于非法活动。

3．保护隐私数据（Data Protection and Privacy）

跨境支付涉及大量敏感的客户数据，各国和地区的法律对隐私数据保护有严格要求。例如，欧盟的《通用数据保护条例》（*General Data Protection Regulation*，GDPR）规定了个人数据处理的合规要求。支付服务提供商必须采取技术和管理措施，保护客户隐私数据的安全。

4．保证交易透明度（Transaction Transparency）

支付服务提供商必须确保支付流程的透明度，向客户清晰展示费用结构、汇率和交易状态。他们的支付流程需符合PSD2和其他相关法规的要求，保护客户的知情权和交易的透明度。

案例

1. PayPal 的合规实践

PayPal 严格遵守各国的监管要求。其 KYC 程序包括验证客户身份、收集必要的证明文件，并通过自动化系统监控交易。PayPal 还设有专门的反洗钱团队，利用先进的技术和数据分析工具监控和报告可疑交易，确保合规。

2. 支付宝的国际合规管理

支付宝在扩展全球业务的同时，积极遵守各国的法律法规。其合规措施包括建立完善的 KYC 和反洗钱制度，采用 SSL 加密和多因素认证来保护客户数据，并与各国监管机构合作，确保业务运营符合当地法律要求。

跨境支付的监管与合规对于确保国际交易的合法性和安全性至关重要。通过了解并遵守国际监管机构的指导原则、各国的关键法律法规和具体的合规要求，跨境电商企业可以有效降低合规风险，提升国际竞争力。在案例中，PayPal 和支付宝这两个领先的支付平台，已经通过严格的合规管理和先进的技术手段，确保其跨境支付业务的合规性和安全性，为其他企业树立了学习和借鉴的榜样。

7.2 合规管理与风险控制

在跨境电商迅猛发展的今天，中国跨境电商卖家尤其是小型企业，它们可能缺乏处理复杂法规和风险的资源和经验，在拓展国际市场时，面临着合规管理（Compliance Management）和风险控制（Risk Management）的重大挑战。确保业务的合法合规性，以及建立和完善风险控制体系，是企业持续增长和国际竞争力提升的关键。本节将深入探讨在公司跨境电商各项目组成不完善的情况下，小型跨境电商企业如何进行合规管理与风险控制，并介绍可获得的帮助和支持方法。此外，还提供了成功与失败的案例分析。

一、合规管理的重要性及措施

合规管理是指企业在运营过程中，遵守相关法律法规和行业标准，确保业务活动的合法性和规范性。对于跨境电商卖家，尤其是小型企业而言，合规管理不仅包括税务、知识产权保护、反洗钱等法律要求，还涉及消费者权益保护和数据隐私保护等方面。

1. 税务合规

各国对进口商品征收不同的关税和增值税（VAT），卖家必须准确申报并缴纳税款，避免因逃税而面临高额罚款和法律诉讼。相关措施如下。

了解目标市场的税务法规：通过各国税务局官方网站或专业税务咨询机构了解相关法规。

聘请专业税务顾问：小型企业可以聘请熟悉跨境电商税务的顾问，确保税务申报的准确性。

使用税务合规软件：如 Avalara、TaxJar 等，帮助自动计算和申报各国税款。

2．知识产权保护

既要保护自身的知识产权，也要防止侵犯他人的知识产权，以免遭受诉讼和赔偿。相关措施如下。

注册商标和专利：确保在主要销售市场注册商标和专利，保护自身权益。

进行知识产权检查：在产品设计和上市前进行知识产权检索，避免侵犯他人的知识产权。

与专业机构合作：与知识产权代理机构合作，确保合规并采取有效保护措施。

3．反洗钱

建立反洗钱机制，以防止资金被用于非法活动，确保符合各国的法律要求。相关措施如下。

实施客户身份识别：建立严格的客户身份验证流程，确保客户身份的合法性。

监控交易：使用 AML 软件，如 AML360、Actimize 等，监控并及时报告可疑交易。

4．隐私数据保护

跨境支付涉及客户大量隐私数据，必须确保客户隐私数据的安全，并遵守 GDPR 等数据保护法规。相关措施如下。

使用数据加密：采用 SSL/TLS 等加密技术，确保数据在传输过程中的安全。

制定并公布数据保护政策：制定并公布数据保护政策，保障客户知情权。

定期审计：定期进行数据安全审计，发现并修复漏洞。

二、风险控制的重要性及措施

风险控制是指通过识别、评估和应对各种风险，确保企业运营的稳定性和安全性。主要风险包括汇率波动、物流延误、法律诉讼等。

1．汇率波动风险

汇率波动可能导致收入和成本的不确定性，影响利润。应对措施如下。

实时监控汇率：使用 Bloomberg 或 XE 等汇率监控工具，实时监控汇率变化，及时了解汇率走势。

利用外汇对冲工具：利用外汇期货和期权等工具对冲汇率风险，锁定未来汇率，减少汇率波动的影响。

开设多币种账户：开设多币种账户，降低货币转换频率，减少因汇率波动造成的损失。

2．物流延误风险

跨境物流涉及多个环节，可能出现延误、丢失或损坏等问题，影响客户满意度和企业信誉。应对措施如下。

选择可靠的物流合作伙伴：与信誉良好的国际物流公司合作，确保货物安全和准时送达。

购买物流保险：购买物流保险，以减少货物丢失或损坏造成的经济损失。

使用物流追踪系统：使用物流追踪系统，如 17track 等，实时监控货物状态，及时应对异常情况。

3．法律诉讼风险

合规问题可能引发法律诉讼，影响企业声誉和财务状况。应对措施如下。

聘请法律顾问：小型企业可以聘请专业法律顾问，确保业务运营符合各国法律法规。

开展合规培训：定期对员工进行合规培训，提升员工的法律意识，降低违规风险。

审查合同：在签订国际贸易合同时，仔细审查合同条款，确保合同合法合规。

三、小型企业获得帮助和支持的途径

小型跨境电商企业在进行合规管理和风险控制时，可以通过以下途径获得帮助和支持。

1．政府和行业组织

政府支持：许多国家和地区政府为跨境电商提供政策支持和指导，如中国商务部的跨境电商综合试验区政策。

行业组织：加入行业组织，如中国跨境电商协会，获取最新的法规信息和专业指导。

2．专业服务机构

咨询公司：如普华永道、德勤等大型咨询公司，提供税务、法律和合规管理服务。

外包服务：将税务申报、合规审计等业务外包给专业服务机构，降低合规成本。

3．技术支持

合规软件：使用专业合规管理软件，如 Avalara、TaxJar、AML360 等，实现税务申报和反洗钱监控的自动化。

数据保护工具：采用数据加密、身份验证等技术，保护客户隐私数据。

4．教育与培训

在线课程：利用 Coursera、edX 等在线教育平台，学习跨境电商合规管理和风险控制的相关课程。

行业会议和研讨会：参加跨境电商行业的会议和研讨会，与行业内的专家、同行交流，获取最新的法规信息和合规策略。

> **成功案例分析：京东国际的合规管理与风险控制**

京东国际作为中国领先的跨境电商平台，其合规管理和风险控制策略值得借鉴。

1．合规管理成功案例

税务合规：京东国际在全球主要市场配备专业税务团队，确保税款的准确申报和缴纳。2019 年，京东国际缴纳的税款超过 150 亿元人民币。

知识产权保护：京东国际建立了严格的知识产权保护机制，与全球多家知名品牌合作，积极打击侵权行为。2019 年，京东国际移除了超过 500 万件侵权商品。

数据隐私保护：京东国际遵守 GDPR 等数据隐私法规，建立了完善的数据保护机制，保障消费者个人信息的安全。

2. 风险控制成功案例

汇率波动：京东国际利用外汇期货和期权等工具对冲汇率风险，确保汇率稳定。2019年，通过汇率对冲策略，京东国际避免了约1.5亿美元的潜在汇兑损失。

物流风险：京东国际投资建立了全球智能物流网络，运用大数据分析和人工智能技术，提高物流效率，减少物流延误和损失。

法律风险：京东国际拥有专业的法律团队，能够及时应对和处理法律诉讼，保护企业声誉和合法权益。

失败案例分析：某小型跨境电商卖家的合规管理与风险控制

某小型跨境电商卖家（以下称为"××公司"）因合规管理和风险控制方面出现严重问题而遭受了重大损失。

1. 合规管理失败案例

税务问题：××公司未能及时了解并遵守目标市场的税务法规，结果被税务部门罚款约500万元人民币，严重损害了公司的财务状况。

知识产权侵权：××公司因销售的某款产品侵犯了国际知名品牌的专利权而遭到起诉，被迫支付约200万元人民币的赔偿金，该事件也对公司的声誉造成了严重损害。

数据隐私泄露：××公司因数据保护不足导致数万名客户的个人信息被泄露，被GDPR监管机构处以约100万元人民币的罚款。

2. 风险控制失败案例

汇率波动：××公司未采取有效的汇率对冲措施，遭受汇率波动造成的损失高达100万元人民币，严重影响了公司利润。

物流延误：××公司未选择可靠的物流合作伙伴，导致大量订单在运输过程中遭遇延误和损坏，引发了客户投诉的激增，退货率也高达15%。

法律风险：由于未能及时应对和处理法律诉讼，××公司在多起案件中败诉，累计赔偿金额约300万元人民币，对公司运营造成了重大影响。

京东国际的成功经验表明，合规管理与风险控制是确保企业持续增长的重要保障。而××公司的失败案例提醒我们，忽视合规和风险管理将会带来严重后果，影响企业的生存和发展。小型企业可以通过政府和行业组织、专业服务机构、技术支持以及教育与培训等途径获得帮助，确保合规管理和风险控制的有效实施。

7.3 境外本地支付的合规要求

在跨境电商中，了解并遵守目标市场的本地支付合规要求是确保业务顺利运营的关键。本节内容我们将把目标聚焦于东南亚市场，详细介绍其支付合规要求的关键、了解的渠道、可以寻找的咨询公司，以及如何实施合规管理与风险控制。

一、东南亚支付合规要求的关键

1．支付许可证（Payment License）

各国对支付服务提供商的许可证要求各不相同。必须了解目标国家是否要求支付许可证，以及如何申请许可证和保持合规。

新加坡：支付服务提供商需获得新加坡金融管理局（Monetary Authority of Singapore，MAS）的支付服务许可证（Payment Services License，PSL）。

马来西亚：支付服务提供商需获得马来西亚国家银行(Bank Negara Malaysia，BNM）的批准。

2．反洗钱与反恐融资

每个国家都有自己的反洗钱和反恐融资法规，这些法规确保支付流程不会被用于非法活动。

泰国：需遵守泰国反洗钱办公室（Anti-Money Laundering Office，AMLO）的法规。

印度尼西亚：需遵守印尼金融服务管理局（Otoritas Jasa Keuangan，OJK）的规定。

3．隐私数据保护

了解各国的数据保护法律，确保客户数据安全。

新加坡：需遵守《个人数据保护法》(*Personal Data Protection Act*，PDPA)。

菲律宾：需遵守《数据隐私法》(*Data Privacy Act*，DPA)。

4．消费者保护

确保支付流程透明、公平，遵守消费者保护法律。

马来西亚：需遵守《消费者保护法》(*Consumer Protection Act*，CPA)。

越南：需遵守《消费者权益保护法》(*Law on Protection of Consumer Rights*)。

5．税务合规

了解各国的增值税和其他税务规定，确保税务合规。

新加坡：需注册并缴纳商品和服务税(Goods and Services Tax，GST)。

马来西亚：需注册并缴纳销售税和服务税(Sales and Services Tax，SST)。

二、了解渠道

1．政府官方网站

访问各国政府和相关监管机构的官方网站，获取官方法规和指南。

新加坡金融管理局：提供支付许可证和相关法规信息。

马来西亚国家银行(Bank Negara Malaysia，BNM)：提供支付服务和反洗钱法规信息。

2．行业协会和商会

加入相关的行业协会和商会，获取最新的行业信息和法规解读。

新加坡金融科技协会(Singapore Fintech Association，SFA)：提供支付和金融科技领域相关的法规信息和行业动态。

马来西亚电子商务协会(Malaysia E-Commerce Association，MECA)：提供电子商务和支付合规的相关信息。

3．在线法律数据库

使用在线法律数据库来查找和了解各国的法律法规。

LexisNexis：提供东南亚各国的法律法规和合规要求。

Westlaw：提供全面的法律数据库和合规信息。

4．行业研讨会和会议

参加相关的行业研讨会和会议，与专家和同行交流，了解最新的法规和合规要求。

新加坡金融科技节（Singapore Fintech Festival，SFF）：提供支付和金融科技领域的最新法规信息和行业趋势。

东南亚电子商务峰会（Southeast Asia E-Commerce Summit）：探讨东南亚市场的电子商务和支付合规问题。

三、寻找咨询公司

1．专业咨询公司

寻找专业的法律和合规咨询公司，获取具体的合规建议和支持。

德勤（Deloitte）：提供全球范围内的税务、法律和合规咨询服务。

普华永道（PricewaterhouseCoopers，PwC）：提供东南亚市场的合规咨询及风险管理服务。

2．本地咨询公司

选择具有目标市场经验和专业知识的本地咨询公司。

Wong Partnership LLP：位于新加坡，提供全面的法律和合规服务。

Zaid Ibrahim & Co：位于马来西亚，提供支付和金融服务领域的法律咨询服务。

3．行业推荐

通过行业协会和商会的推荐，找到信誉良好的咨询公司。

新加坡金融科技协会：提供会员推荐的合规咨询公司名单。

马来西亚电子商务协会：推荐本地专业的合规咨询服务提供商。

4．在线平台

使用在线专业服务平台，寻找和比较咨询公司的服务和报价。

Upwork：提供全球范围内的法律和合规专家服务。

LinkedIn：利用行业网络寻找合规专家和咨询公司。

四、合规管理与风险控制的实施

1．制订合规计划

根据目标市场的合规要求，制订详细的合规计划，涵盖支付许可证申请、反洗钱与反恐融资措施、数据保护政策、消费者保护措施和税务合规策略。

2．组建合规团队

组建专业的合规团队，负责日常的合规管理和风险控制工作。团队成员应包括法律顾问、合规经理和数据保护专员等专业人员。

3．使用合规工具

使用合规管理软件和工具，提高合规管理的效率和准确性。

税务合规软件：如 Avalara、TaxJar 等，帮助自动计算和申报各国税务。

反洗钱软件：如 AML360、Actimize 等，用于监控并及时报告可疑交易。

4．定期培训

对员工进行定期的合规培训，提升其法律意识和合规能力。培训内容应涵盖目标市场的主要法规和公司内部的合规政策。

5．定期合规审计

定期进行内部合规审计，发现和解决合规问题。同时，可以聘请第三方审计机构进行独立审计，确保合规管理的有效性。

7.4 支付市场的法律环境

在跨境电商中，了解并遵守目标市场的法律是确保业务顺利运营的关键。在这一节中，我们以美国为例，详细介绍中国跨境电商进入美国市场的法律及其对业务的影响，并通过实际案例分析如何在保证合规的同时调整公司架构以获得最大收益。

一、主要法律法规

1.《电子资金转账法》(*Electronic Fund Transfer Act*, **EFTA**)

EFTA 旨在保护消费者在电子资金转账中的权益，确保支付服务的透明度和安全性。其主要内容包括以下几点。

透明度：支付服务提供商须清晰地告知消费者费用、汇率和交易时间。

纠纷解决：消费者有权对错误的交易提出争议，并在规定时间内获得处理结果。

2.《消费者金融保护法》(*Consumer Financial Protection Act*, **CFPA**)

CFPA 由消费者金融保护局（Consumer Financial Protection Bureau，CFPB）执行，目的是保护消费者的金融权益。其主要内容包括以下几点。

公平对待：确保消费者在金融服务中受到公平对待，防止欺诈和不当行为。

消费者教育：提供教育资源，帮助消费者做出明智的金融决策。

3.《通用数据保护条例》(*General Data Protection Regulation*, **GDPR**)

尽管 GDPR 是欧盟的法规，但美国企业在处理欧盟公民数据时也需遵守 GDPR 的相关规定。其主要内容包括以下几点。

数据主体权利：数据主体有权访问、更正和删除其个人数据。

数据保护影响评估：确定和评估数据处理活动对个人隐私的潜在影响。

二、对中国跨境电商卖家的影响

1．合规成本增加

为了遵守 EFTA、CFPA、AML 和 GDPR 等法规，跨境电商卖家需要投入大量资源进行合规管理，这包括技术开发、员工培训和法律咨询等。这些合规措施增加了企业的运营成本。

2．支付流程复杂化

EFTA 的透明度要求和 AML 的客户尽职调查导致支付流程变得更加复杂，从而影响客户的支付体验。跨境电商卖家需要优化支付流程，以在确保安全性的同时提升用户体验。

3．数据保护责任加重

GDPR 对数据保护提出了严格要求，跨境电商卖家需要采取一系列措施来保护客户数据，包括数据加密、匿名化处理和制定数据保护政策等。这加重了企业的合规责任。

4．强化风险管理

为了遵守 AML 法规，跨境电商卖家需要建立健全的反洗钱机制，包括进行客户尽职调查和交易监控等。这对企业的风险管理能力提出了更高的要求。

👉 案例

花知晓（Florasis）是中国著名的化妆品品牌，近年来一直在积极扩展其国际市场。在进入美国市场时，花知晓面临了严格的支付合规要求。通过调整公司架构和合规策略，花知晓成功地在美国市场立足，并获得了显著收益。

1. 调整公司架构与合规策略

（1）成立合规部门

花知晓在美国设立了专门的合规部门，负责监督和管理支付合规事务。该部门由法律顾问、合规经理和数据保护专员组成，以确保所有业务活动符合美国的法律法规。

（2）与专业咨询公司合作

花知晓与普华永道合作，获得了专业的法律和合规咨询服务。普华永道协助花知晓理解并遵守 EFTA、CFPA、AML 和 GDPR 等法规，制订了详细的合规计划。

2. 普华永道给出的专业分析

经过分析，普华永道发现花知晓在美国市场面临的主要合规挑战包括支付透明度、反洗钱措施和数据保护。普华永道建议花知晓采取以下措施。

（1）优化支付透明度

根据《电子资金转账法》的要求，花知晓在其支付系统中增加了详细的费用说明和交易时间告知功能。具体来说，花知晓在每个支付页面上都清晰列出了所有交易费用，包括支付处理费、汇率差额费及其他相关费用。系统还自动估算交易时长，告知客户从支付到完成的预期时间。通过这一透明的支付流程，花知晓提升了客户的信任度和满意度。数据显示，自实施这些措施以来，客户满意度提升了 15%，支付方面的投诉减少了 20%。

（2）加强反洗钱措施

花知晓采用了反洗钱软件（如 Actimize）进行客户尽职调查和交易监控。每笔交易都进行严格的审核，包括客户身份验证、交易模式监控和可疑活动检测。通过这些措施，花知晓成功规避了潜在的法律风险和罚款。具体数据显示，花知晓每月检测并报告约 50 起可疑交易，避免了超过 200 万美元的潜在罚款。

（3）实施数据保护措施

花知晓遵守《通用数据保护条例》，采用 SSL/TLS 加密技术和多因素认证来确保数据传输和存储的安全。具体措施包括在所有数据传输过程中使用 256 位 SSL 加密，并在账户访问和交易验证时采用短信验证码和生物识别等多因素认证方式。花知晓还制定并公开了详细的隐私政策，明确了数据收集、使用和保护的具体方法。数据显示，自这些数据保护措施实施以来，数据泄露事件减少了 30%，客户信任度提升了 25%。

3. 获得的收益

通过调整公司架构和合规策略，花知晓在美国市场取得了显著的收益。据统计，花知晓在2022年的美国市场销售额达到1亿美元，同比增长了30%。同时，客户满意度提升了20%，法律风险和合规成本也显著降低。

通过制订详尽的合规计划、使用合规管理工具、进行定期培训和审计，以及与专业咨询公司合作，跨境电商卖家可以确保业务的合法合规性，提升国际竞争力和客户满意度。花知晓在美国市场的成功经验证明，通过有效的合规管理策略和实践，即使处于严格的法律环境，跨境电商卖家也能获得显著收益。

第八章

FBA 与跨境物流

8.1 FBA 的优势与操作流程

在跨境电商中，物流是影响客户体验和销售成功的关键因素。亚马逊的 FBA 服务为跨境电商卖家提供了强大的物流支撑，帮助卖家高效地管理库存、订单和配送。以下是 FBA 的优势与操作流程的详细介绍，特别针对中国卖家，还说明了一些需额外注意的事项。

一、FBA 的优势

1．全球覆盖

FBA 利用亚马逊全球的仓储和配送网络，帮助卖家快速、高效地将产品送达世界各地的消费者。这为中国卖家提供了拓展国际市场、增加销售机会的可能。

2．高效配送

通过 FBA 服务，卖家的产品可加入亚马逊 Prime 计划，使消费者享受到快速配送服务（如次日达和两日达），从而提升客户的满意度和忠诚度。

3．专业的客户服务

FBA 提供 24/7 的客户服务，处理消费者的退货、退款和信息查询。这减轻了卖家售后服务的负担，使他们可以更专注于业务的扩展和发展。

4．自动化库存管理

FBA 系统自动进行库存管理，包括监控库存、提出补货建议和生成库存报表。卖家可以实时掌握库存状态，优化库存策略，有效避免缺货或库存积压。

5．帮助提升销售排名和购买转化率

使用 FBA 服务的产品在亚马逊平台上通常会获得更高的搜索排名和购买

转化率，这得益于消费者对亚马逊配送和客户服务的信任。

6．节省时间和精力

通过 FBA，卖家可以将物流和配送外包给亚马逊，从而节省大量时间和精力，更专注于产品开发和市场营销。

二、FBA 的流程

1．注册 FBA 账户

卖家首先需要在亚马逊卖家中心注册一个卖家账户，选择并申请开通 FBA 服务。

注意事项：确保注册信息填写正确，特别是公司和银行账户信息，避免影响账户审核和资金结算。

2．创建产品 Listing

在卖家中心创建产品 Listing，详细填写产品信息，包括标题、描述、图片、价格和库存数量。要确保产品信息准确且具有吸引力，以提高购买转化率。

注意事项：注意遵守亚马逊的 Listing 规则，特别是图片质量、标题和描述的规范，避免因违规操作而导致的商品下架或账号被封禁。

3．准备商品

根据亚马逊 FBA 的入库要求准备商品，包括打印标签、包装和贴标等。亚马逊对 FBA 入库商品的包装和标签有严格的要求，卖家需仔细阅读并遵循。

标签：确保每个商品都贴有正确的 FBA 标签，且标签清晰可读，粘贴在指定位置。

包装：根据商品类型选择合适的包装，以保护其在运输过程中不受损。避免使用过多包装材料，以降低成本并减少对环境的影响。

货物申报：准确填写海关申报文件，避免因申报错误导致清关延误或产生罚款。

4．创建入库计划

在卖家中心创建入库计划，选择要发送至亚马逊仓库的商品和数量。系统会根据商品的类型和仓库的库存状况，指定具体的入库仓库地址。

多仓入库：亚马逊可能会将入库计划分配到多个仓库，卖家需根据系统提示将商品分别发往指定仓库。

　　货运方式：卖家需根据货物的体积、重量和成本，选择合适的货运方式，如空运、海运或快递。

5.发货至亚马逊仓库

　　按照入库计划，将商品发往亚马逊指定的仓库地址。卖家可以选择自行送货或委托第三方物流公司运输到亚马逊仓库。要确保商品包装完好，避免运输过程中出现损坏。

　　选择物流公司：选择可靠的国际物流公司，确保货物安全准时送达。可以选择与亚马逊有合作的物流公司，如 DHL、UPS 等。

　　购买运输保险：为货物购买运输保险，预防运输过程中可能发生的损坏或丢失。

6.亚马逊仓库接收

　　商品到达亚马逊仓库后，工作人员将进行验收、扫描并完成入库流程。卖家可通过卖家中心实时跟踪商品的入库进度。

　　入库确认：定期在卖家中心查看商品的入库情况，确保所有商品均已准确入库。

　　异常处理：一旦发现商品入库出现问题，要立即联系亚马逊客服处理，避免对销售造成影响。

7.库存管理与订单处理

　　商品入库后，亚马逊会自动进行库存管理并处理订单。亚马逊会在消费者下单时负责拣货、包装和配送，确保商品能够及时送达客户手中。

　　库存监控：定期检查库存状态，避免因缺货而影响销售。使用亚马逊提供的库存管理工具设置库存预警和补货计划。

　　销售数据分析：利用亚马逊的数据分析工具，分析库存周转和销售情况，以优化库存管理和销售策略。

8.客户服务与退货处理

　　如果消费者有退货需求，亚马逊会负责处理退货和退款。FBA 提供专业的客户服务来解决消费者的问题和投诉，以提高客户满意度。

退货处理：及时处理退货请求，确保客户体验。对于退回的商品，进行状态检查，决定是否重新上架销售。

客户沟通：保持与客户的良好沟通，积极回应客户的疑问和投诉，以增强品牌信誉和提高客户忠诚度。

三、中国卖家需要注意的其他事项

1．税务和合规

（1）了解目标市场的税务法规和合规要求，确保所有销售活动合法合规，特别是 VAT（Value-added Tax，增值税）和 GST（Goods and Services Tax，商品及服务税）等税务问题。

（2）必要时，聘请专业的税务顾问或律师，确保所有文件和手续都准确无误。

2．清关和进口

（1）选择可靠的清关代理，确保货物顺利通过海关检查。提供准确的商品信息和文件，避免因申报错误或文件不完整导致清关延误。

（2）了解目标市场的进口法规和要求，特别是产品认证和安全标准的规定。

3．本地化策略

（1）根据目标市场的文化和消费习惯，调整产品描述、包装和营销策略，以确保产品符合当地消费者的期望和偏好。

（2）在可行的情况下，提供多语言客服支持，以提升客户体验感和满意度。

4．竞争与定价策略

（1）分析目标市场的竞争情况，了解主要竞争对手的产品特点、价格定位和营销手段。基于这些信息，制定具有竞争力的定价策略，以吸引目标客户。

（2）考虑运费和关税成本，合理定价，确保产品在市场中的竞争力。

通过 FBA，卖家可以充分利用亚马逊提供的全球物流网络、高效配送、专业客户服务和库存管理等优势。这不仅提升了产品的销售排名和购买转化率，还帮助卖家节省了时间和精力，使他们能够专注于业务的核心发展。对于中国卖家来说，理解并遵守 FBA 的操作步骤和注意事项，特别是在税务、清关和本地化策略方面，能够有效提高跨境电商业务的成功率，实现全球市场的拓展和业务的增长。

8.2 选择跨境物流渠道

在跨境电商中，物流渠道的选择对业务的成功至关重要。不同的物流渠道在运输时间、成本、服务质量和可靠性上各有优劣。选择合适的物流渠道，不仅可以提高配送效率，还能提升客户满意度。以下是关于跨境物流渠道选择的详细介绍，并从中国卖家的角度出发，分析了各种物流渠道的优缺点。

一、主要跨境物流渠道

1. 国际快递

国际快递是跨境物流的主要方式之一，以快速、便捷和可靠闻名。主要的国际快递公司包括 DHL、UPS、FedEx 和 TNT。

（1）优点

速度快：通常 3～7 天内即可将货物送达主要市场。

服务好：提供"门到门"服务，且有完善的货物跟踪和客户服务系统。

安全性高：货物丢失和损坏的风险较低。

（2）缺点

成本高：费用相对较高，特别是对于体积大和重量重的货物。

限制多：对某些国家和地区的运输有限制，且对危险品和违禁品的运输要求严格。

2. 国际邮政小包

国际邮政小包是一种由各国邮政系统提供的跨境物流服务，适合重量轻、体积小的商品。主要提供商有中国邮政、香港邮政、新加坡邮政等。

（1）优点

成本低：适合小件物品，运费较低。

覆盖面广：几乎可以覆盖全球所有国家和地区。

操作简便：适合大批量的货物。

（2）缺点

速度慢：通常需要2～4周的时间才能送达。

跟踪服务差：跟踪信息更新慢，有时无法准确跟踪包裹位置。

安全性低：货物丢失或损坏的风险相对较高。

3．国际专线

国际专线是一些物流公司通过整合航空资源和本地配送资源，为特定国家或地区提供的跨境物流服务。例如，E邮宝、4PX、YunExpress等。

（1）优点

速度适中：通常7～15天可以送达，速度介于快递和邮政小包之间。

成本适中：费用低于国际快递，高于邮政小包，具有较高的性价比。

跟踪服务好：提供全程的货物跟踪服务，信息更新及时。

（2）缺点

覆盖范围有限：主要集中在北美洲、欧洲和东南亚等主要电商市场，其他地区较少。

服务质量不稳定：不同公司的服务水平和可靠性可能存在差异。

4．海运和空运

海运和空运适合大批量、大重量货物的运输。海运费用低，但速度慢；空运速度快，但费用高。这两者通常结合使用，以提供多样化的物流选择。

（1）优点

成本效益高：海运适合大件货物，费用低；空运适合急需品，速度快。

适合大批量运输：适合大批量货物的跨境运输。

（2）缺点

速度慢（海运）：通常需要30～60天，运输时间较长。

成本高（空运）：费用高，不适合运输低价值商品。

操作复杂：需要专业的物流公司进行操作和管理。

二、跨境物流渠道选择的关键因素

1．产品特性

不同的产品对运输的要求不同。例如，易碎品需要更高水平的安全措施，大件货物适合选择海运，而小件高价值商品则可以选择国际快递。

2．市场需求

物流渠道的选择要基于目标市场的需求。如果客户期望快速收到商品，可以选择国际快递或专线服务；如果客户对收货时间的要求不高，可以选择邮政小包或海运。

3．成本控制

物流成本直接影响产品的价格和利润。卖家需要综合评估运输费用、关税及其他相关费用，以选择最具成本效益的物流渠道。

4．服务质量

选择服务质量可靠的物流公司，确保货物安全、准时地送达，降低丢失、损坏或延误的风险。同时，要关注物流公司的客户服务质量，确保在出现问题时能及时解决。

5．覆盖范围

确保所选物流渠道能够覆盖目标市场的所有区域，包括偏远乡村地区。选择覆盖范围广的物流服务，有助于提高客户满意度和订单的完成率。

三、跨境物流渠道选择的建议

1．灵活使用多种物流渠道

不同的物流渠道各有优势和劣势，卖家可以根据具体情况灵活使用多种物流渠道。例如，对于紧急或高价值的订单，可以选择国际快递；对于常规或低价值的订单，可以选择国际邮政小包或专线服务；对于大批量货物，则可以采用海运和空运相结合的方式。

2．关注物流公司的服务和信誉

选择有良好服务和信誉的物流公司，以确保货物能够安全、准时地送达。

可以通过参考其他卖家的评价、公司的资质认证以及服务历史，评估物流公司的服务质量和可靠性。

3．利用第三方物流平台

第三方物流平台提供多样化的物流选择和专业的物流管理服务，帮助卖家简化操作流程，提高物流效率。常见的第三方物流平台有4PX、顺丰国际、菜鸟网络等。

4．定期评估物流渠道的表现

定期对不同物流渠道的表现进行评估，包括运输时间、成本、服务质量和客户反馈等。根据评估结果，调整物流策略，优化物流渠道选择，以提高整体物流效率和客户满意度。

5．与物流公司建立长期合作关系

与可靠的物流公司建立长期合作关系，可以获得更好的服务和更优惠的价格。长期合作使卖家能够更深入地了解物流公司的操作流程和服务标准，从而提高物流管理的效率和质量。

选择合适的跨境物流渠道对跨境电商的成功至关重要。中国卖家在选择物流渠道时，需综合考虑产品特性、市场需求、成本控制、服务质量及覆盖范围等因素。通过灵活使用多种物流渠道，关注物流公司的服务和信誉，利用第三方物流平台，定期评估物流渠道的表现，并与物流公司建立长期合作关系，卖家可以有效提升物流效率，降低成本，提高客户满意度，从而促进跨境电商业务的成功和持续增长。

8.3 海外仓库的建设与管理

随着跨境电商的快速发展，越来越多的中国卖家选择建设和使用海外仓库，以提高物流效率、降低物流成本、提升客户满意度。海外仓库不仅能缩短配送时间，还能提高售后服务质量，帮助卖家更好地拓展海外市场。以下是关于海外仓库的建设与管理的详细介绍。

一、海外仓库的优势

1．提高配送效率

商品可以提前存储在目标市场的仓库即海外仓库中，消费者下单后直接从当地仓库发货，这大大缩短了配送时间。相比从中国发货，使用海外仓库的配送时间通常可以缩短至 2 ～ 5 天。

2．降低物流成本

使用海外仓库，可以批量运输商品到目标市场，降低单件商品的国际运输成本。此外，本地配送的费用相对较低，这有助于显著降低整体物流成本。

3．增强客户体验

海外仓库能够提供更快速的配送服务，从而提升客户满意度。同时，退换货也更为方便，能进一步提升售后服务质量。

4．提高竞争力和销售量

使用海外仓库可以提高产品在电商平台上的曝光率和搜索排名，因为许多平台会优先推荐配送时间短、服务好的产品。此外，快速配送和优质的售后服务还可以增强客户的购买意愿，并提升复购率。

二、海外仓库的建设步骤

1．市场调研与选址

市场调研：在建设海外仓库之前，首先需要进行详细的市场调研，以了解目标市场的需求、竞争状况和物流环境。选择目标市场的主要消费区域和物流枢纽。

选址：根据市场调研结果，选择海外仓库的具体位置。考虑交通便利性、仓储成本和区域覆盖范围等因素，以确定合适的仓库地址。

2．仓库租赁与设施配置

仓库租赁：通过专业的房地产中介或物流服务提供商寻找并租赁合适的仓库。在签订租赁合同时，要留意租金、租期、物业管理等关键细节。

设施配置：根据仓储需求配置仓库设施，包括货架、叉车、包装设备、监控系统、消防设施等。确保仓库设施完备，以满足日常运营的需求。

3．选择物流合作伙伴

选择物流合作伙伴：选择可靠的物流服务提供商进行合作，包括本地配送公司、仓储管理公司、清关代理等。评估其服务质量、价格和信誉，以确保物流服务的高效和可靠。

签订合作协议：与物流合作伙伴签订合作协议，明确双方的责任和义务，确保合作的顺利进行。

4．搭建仓库管理系统

选择系统：选择适合的仓库管理系统（Warehouse Management System，WMS），以实现仓库的数字化管理。WMS系统可以帮助管理库存、订单、入库、出库和配送等环节，提高仓库管理效率。

使用系统：进行系统安装和调试，培训仓库管理人员使用WMS系统。确保系统稳定运行，满足仓库管理的需求。

5．人员招聘与培训

人员招聘：根据仓库的规模和运营需求，招聘仓库管理人员和操作人员。优先考虑有相关工作经验的应聘者，以确保仓库运营的顺畅。

人员培训：对新员工进行培训，包括仓库操作流程、安全规范、WMS系统的使用等。定期进行培训和考核，以提高员工的工作技能和工作效率。

三、海外仓库的管理策略

1．库存管理

库存监控：使用WMS系统实时监控库存状况，确保库存充足，避免缺货和库存积压。设置库存预警，及时补充库存。

库存优化：根据销售数据和市场需求优化库存结构，保证热门商品有充足的库存，同时及时清理滞销商品。

2．订单管理

订单处理：接到订单后，及时进行拣货、包装和发货。使用WMS系统自动生成拣货单和发货单，以提高订单处理的效率。

订单跟踪：通过物流系统跟踪订单配送情况，及时向客户更新物流信息，提高客户满意度。

3．物流管理

物流优化：选择效率高且可靠的物流合作伙伴，优化配送路线，以降低物流成本、缩短配送时间。

物流监控：实时监控物流配送情况，确保货物安全、准时送达。妥善处理物流异常情况，以减少物流损失。

4．客户服务管理

售后服务：提供便捷的退换货服务，快速处理客户的退换货请求，以提高客户满意度。

客户沟通：与客户保持良好的沟通，及时解决他们的问题和投诉，提升品牌信誉。

5．数据分析与优化

数据分析：运用WMS系统和销售平台的数据，对库存、订单、物流和客户服务等环节进行分析，发现存在的问题和优化的空间。

持续改进：根据数据分析结果，不断优化仓库管理、物流配送和客户服务，以提高运营效率和客户满意度。

海外仓库的建设与管理是跨境电商的重要环节。通过合理的选址、设施配置、系统搭建和人员培训，卖家可以实现高效的仓库管理和物流配送。有效的库存管理、订单处理和客户服务策略，有助于提高客户满意度和市场竞争力。在建设和管理海外仓库时，中国卖家需要综合考虑市场需求、成本控制和服务质量等因素，利用先进的仓库管理系统和专业的物流服务，确保海外仓库的高效运作和持续发展。

8.4 跨境物流的科技应用

随着科技的进步和跨境电商的快速发展，物流行业正在经历一场前所未有的变革。各种新兴技术的应用，不仅提高了物流效率，降低了成本，还提升了客户的购物体验。以下是跨境物流中几种主要的科技应用及其具体的实现方式，并提供了国内外企业的实际应用案例。

一、物联网

物联网（Internet of Things，IOT）指的是通过互联网将各种设备和传感器连接起来，实现数据的实时传输和共享。在跨境物流中，物联网技术可以用于货物追踪、仓储管理和运输监控等方面。

1. 货物追踪

通过在货物上安装 GPS 设备和 RFID 标签，实现货物从仓库到客户手中的全程实时追踪。卖家和客户都可以查看货物实时的具体位置和运输状态，确保运输过程的透明。

案例

DHL 在其发布会上介绍了自主研发的智能追踪系统，该系统利用物联网技术，通过安装在货物上的传感器实时监控货物的位置、温度和湿度。这一技术在国际运输中的应用，确保了货物在运输过程中的安全和质量。

2. 仓储管理

在仓库内部署传感器网络，可以实时监控和管理库存、温湿度、照明等环境条件，从而提高仓库运营效率，确保货物存储安全。

案例

阿里巴巴的菜鸟网络在其智能仓储系统中广泛应用物联网技术，利用传感器和智能设备实现仓库内部的自动化管理和实时监控，提高了库存管理的准确性和效率。

3. 运输监控

通过在运输车辆上安装传感器和监控设备，可以实时监控车辆的位置、速度、温度和震动等参数，以确保运输过程的安全和高效。

案例

京东在其物流运输中利用物联网技术，实现了对运输车辆的实时监控和管理。利用传感器和 GPS 设备，京东可以实时跟踪车辆的位置和状态，优化运输路线，确保货物安全、准时地送达。

二、人工智能

人工智能（Artificial Intelligence，AI）在跨境物流中的应用主要包括智能客服、需求预测、路线优化和自动化操作等方面。

1. 智能客服

利用 AI 技术开发的智能客服系统能够提供 24/7 的客户服务支持，回答客户的常见问题，从而提高客户满意度。

案例

亚马逊的 Alexa 智能助手在物流和客服中的应用十分广泛，通过语音识别和自然语言处理技术，提供智能客服服务，帮助客户查询订单状态、物流信息并解决常见问题。

2. 需求预测

利用机器学习算法分析历史销售数据、市场趋势和季节性变化，可以预测未来的需求量。这有助于优化库存管理和补货策略，从而降低库存成本。

![案例]

在"双 11"购物节前，阿里巴巴利用 AI 技术进行需求预测，分析历史销售数据和市场趋势，提前备货，优化库存管理，确保在购物高峰期能够满足客户需求。

3. 路线优化

利用 AI 算法分析交通数据和历史配送数据，可以优化运输路线、降低运输成本、缩短配送时间。

![案例]

UPS 在其路线优化系统中运用 AI 技术分析历史配送数据和交通状况，对运输路线进行优化，减少了运输时间和成本。其发布的 ORION 系统每天为 UPS 节省下数百万美元的运输费用。

4. 自动化操作

在仓库中部署自动化设备，如自动导引车（Automated Guided Vehicle，AGV）和机器人，可以自动完成拣货、搬运和包装工作，从而提高仓库运营效率，降低人工成本。

![案例]

京东在其智能仓库中广泛应用了 AGV 和机器人，实现了拣货、搬运和包装的自动化。通过应用 AI 技术，京东大幅提升了仓库运营效率，降低了人工成本。

三、区块链技术

区块链技术在跨境物流中的应用主要包括供应链透明化、智能合约和防伪溯源等方面。

1. 供应链透明化

区块链技术通过记录供应链各个环节的交易数据，实现供应链的透明化和可追溯性。每一个货物的生产、运输和交付信息都可以在区块链上进行记录和验证，从而提高供应链的透明度和信任度。

☞ 案例

沃尔玛在其食品供应链中应用区块链技术，记录和追踪食品的生产、加工和运输信息。运用区块链技术，沃尔玛可以快速追溯食品的来源和运输路径，提高食品安全和供应链的透明度。

2. 智能合约

利用区块链中的智能合约可以自动执行合同条款，减少人工干预，从而降低交易成本。例如，当货物到达目的地并确认收货后，智能合约可以自动执行支付操作，提高交易效率。

☞ 案例

IBM与马士基合作开发的TradeLens平台，运用区块链技术和智能合约，实现了跨境贸易的自动化操作和透明化管理。该平台提高了供应链的效率，降低了交易成本。

3. 防伪溯源

区块链技术能够记录商品的生产、加工和运输信息，提供商品的防伪溯源服务。消费者可以通过扫描二维码或输入产品编码来查询商品的真实性和来源信息，有效防止假冒伪劣产品的流通。

☞ 案例

茅台酒在其产品中应用区块链技术，记录每瓶酒的生产和运输信息，提供防伪溯源服务。消费者可以通过区块链查询产品的真伪，提高了品牌信誉和消费者的信任度。

四、大数据分析

大数据分析（Big Data Analytics）在跨境物流中的应用主要包括客户行为分析、市场趋势预测和物流优化等方面。

1．客户行为分析

通过收集和分析客户的购买行为、浏览习惯和评价反馈等数据，可以深入了解客户需求和偏好。据此，可以制定个性化的营销策略，从而提高客户满意度和忠诚度。

👉 案例

亚马逊运用其强大的大数据分析能力，分析客户的购买行为和浏览习惯，提供个性化的产品推荐，以此提升客户的购物体验和购买转化率。

2．市场趋势预测

运用大数据分析工具，可以分析市场趋势、竞争对手动态和宏观经济环境，以此预测市场变化和需求趋势。这有助于制定科学的市场策略和业务规划。

👉 案例

阿里巴巴运用大数据分析技术，分析"双11"购物节的数据，预测市场的未来趋势和消费者需求，并据此制定相应的市场策略和业务规划，确保业务的持续增长。

3．物流优化

通过大数据分析物流运营数据，可以优化库存管理、运输路线和配送网络，从而提高物流效率，降低物流成本。

👉 案例

顺丰通过大数据分析其物流运营数据，优化了库存管理和运输路线，提高了物流效率并降低了运营成本。顺丰的智慧物流系统每天会处理数亿条物流数据，确保物流运营的高效和精准。

五、无人机配送

无人机配送（Drone Delivery）是一种新兴的物流配送方式，它通过无人机将货物直接送达客户手中，尤其适用于偏远地区和紧急配送的情况。

1．短程配送

无人机可用于短距离配送，如城市内的最后一公里配送。这有助于解决交通拥堵问题，提高配送效率。

👉 案例

亚马逊的 Prime Air 项目利用无人机进行短距离配送，将小件货物直接送到客户家门口。亚马逊在其发布会上展示了无人机配送的全过程，这标志着无人机配送技术已经成熟并开始实际应用。

2．偏远或交通不便地区的配送

在偏远或交通不便的地区，无人机配送可以解决传统物流方式面临的难题，提供及时的物流服务。

👉 案例

顺丰在中国的偏远山区和农村地区开展无人机配送服务，提高了这些地区的物流服务质量和效率。顺丰的无人机配送项目因此获得了广泛的关注和认可。

3．紧急配送

无人机可用于对紧急和高价值货物的快速配送，以满足客户的即时需求。

👉 案例

DHL 在其发布会上展示了无人机在紧急医疗用品配送中的应用。使用无人机可快速将医疗用品送达灾区和急需地区，从而提高了紧急物流的响应速度和效率。

第九章

实战工具与操作指南

9.1 亚马逊 SEO 优化工具的使用

亚马逊 SEO（Search Engine Optimization，搜索引擎优化）主要通过优化产品页面的各个元素，以提高其在搜索结果中的排名，进而增加产品的曝光率和点击率。优化的主要方面包括关键词的选择、产品标题的撰写、产品描述的编辑、图片质量的提高和客户评价的管理等。

一、选择和使用 SEO 优化工具

选择和使用 SEO 优化工具是提高网站可见性和搜索排名的关键步骤。以下是一些可供选择和使用的 SEO 优化工具及其使用步骤。

1．Jungle Scout

帮助卖家进行市场调研，分析市场趋势、竞争状况和销售数据，并提供关键词研究功能。

（1）注册并登录 Jungle Scout。

（2）使用"产品数据库"功能筛选潜在热销产品。

（3）使用"关键词研究"功能查找具有高搜索量、低竞争度的关键词。

（4）记录下这些关键词，以便在产品页面进行优化。

2．Helium 10

提供关键词研究、竞争分析、产品监控和 Listing 优化等功能。

（1）注册并登录 Helium 10。

（2）使用"Cerebro"功能，输入竞争对手的 ASIN，以获取相关关键词列表。

（3）使用"Magnet"功能寻找更多的长尾关键词。

（4）使用"Frankenstein"功能对关键词进行去重和分类，从而生成最终的关键词列表。

（5）使用"Scribbles"功能，将关键词嵌入产品标题、描述、五点描述和后台搜索词中。

3．AMZScout

提供市场调研、关键词研究和产品追踪等功能。

（1）注册并登录 AMZScout。

（2）使用"Product Database"功能筛选潜在的热销产品。

（3）使用"Keyword Research"寻找高搜索量、低竞争度的关键词。

（4）记录这些关键词，为产品页面优化做好准备。

二、优化产品标题

基本原则：标题包含品牌名称、产品名称、关键特性、型号等信息；标题要简洁明了，避免使用不必要的修饰词；关键词要自然融入标题，避免堆砌。

👉 案例

原始标题：手机壳

优化后标题：通用品牌防摔透明手机壳适用于 iPhone 13/13 Pro/13 ProMax

三、优化产品描述

基本原则：描述详尽，涵盖产品的功能、规格、使用方法和优势等信息；语言简洁明了，避免过多使用技术术语；使用段落和列表提高描述的可读性。

👉 案例

原始描述：这是一款手机壳。

优化后描述：这款手机壳采用高品质透明材料制造，具备防摔、防刮花等功能，确保手机在日常使用中的安全，适用于 iPhone 13 系列。其轻薄设计不会给手机增加额外负担，让您能够享受手机的原始触感。

四、优化产品图片

基本原则：图片清晰、专业，展示产品的各个角度和细节；使用白色背景以突出产品；上传多张图片，包括正面图、背面图、细节图和使用场景图。

案例

上传图片：包括手机壳的正面图、背面图、细节图和使用场景图。

五、优化要点描述

1．关键词嵌入

在每个要点中嵌入关键词，但要避免堆砌，确保在表达产品性能优势的同时又易于阅读。

2．易读性

使用简单、具有说服力的语言，避免使用难以理解的专业术语；在撰写之前查看竞争对手或类似产品的评论和问答部分，了解客户关注的功能和要点。

3．客户需求为主

描述产品如何解决客户需求，而不仅仅是列出技术参数。

4．简明扼要

客户的平均注意力持续时间仅为 8 秒，所以尽量在最初的 5 秒内吸引客户；每个要点尽量控制在 255 个字符内。

案例

原始要点：充满电可使用 50 分钟，可修剪面积达 1200 平方英尺。

优化后要点：充满电后可持续使用 50 分钟，能轻松修剪 1200 平方英尺的面积，满足庭院修剪需求。

六、客户评价和问答

积极回应客户评价和问答。对正面评价表示感谢，以提升客户满意度；对负面评价表示歉意，并提供解决方案，以改善客户体验。回答客户的提问，提供详尽的产品信息，助力客户做出购买决策。

案例

回应正面评价：非常感谢您的好评！我们很高兴您能喜欢这款手机壳。

回应负面评价：非常抱歉给您带来不便。请联系我们的客服团队，我们将尽快解决您的问题。

七、监控和调整

使用 SEO 优化工具，定期查看关键词排名、点击率、转化率等数据，监控 SEO 效果。根据数据分析结果，及时调整优化策略，以确保产品在搜索结果中的排名不断提升。

案例

每周使用 Helium 10 查看关键词排名和点击率，根据数据结果调整关键词和产品描述。

遵循以上步骤，中国跨境电商初学者可以逐步掌握亚马逊 SEO 优化技巧，提高产品在亚马逊平台上的曝光率和销量。SEO 优化是一个持续的过程，需要卖家不断学习和调整，以应对市场的变化和竞争的压力。希望本文能帮助您在亚马逊平台上取得成功。

9.2 跨境物流管理软件操作指南

跨境物流管理软件旨在帮助卖家高效管理和优化国际物流流程。运用这些软件，卖家可以跟踪货物、管理库存、处理订单，以及与物流供应商进行协调，确保货物能够顺利、安全地送达客户手中。

一、常见的跨境物流管理软件

选择合适的跨境物流管理软件。在选择时，卖家需要考虑市场地区与软件功能的匹配性。以下是四款常见的跨境物流管理软件及其适用的市场地区的分类说明。

1. ShipStation

适用地区：北美洲、欧洲、大洋洲（澳大利亚等国家）。

功能特点：与亚马逊、eBay、Shopify 等多个电商平台无缝对接；集中管理来自多个平台的订单；支持批量打印发货标签，以简化发货流程；提供实时的货物状态跟踪。

适用卖家：主要面向在北美洲、欧洲和大洋洲（澳大利亚等国家）市场有较大业务量的卖家，尤其适合多平台运营的卖家。

2. AfterShip

适用地区：全球。

功能特点：支持 600 多家物流公司，提供全球范围内的物流追踪；通过邮件或短信向客户发送物流状态更新；集成多个电商平台的订单管理；提供物流绩效分析报告。

适用卖家：适合在全球范围内运营的卖家，特别是需要多物流公司支持和客户通知功能的卖家。

3．Easyship

适用地区：北美洲、欧洲、亚太地区。

功能特点：实时计算多种物流方案的运费；预估目的地的关税和税费，避免产生额外费用；支持批量处理订单；提供实时的货物状态跟踪。

适用卖家：适合在北美洲、欧洲和亚太地区运营的卖家，特别是需要详细运费和税费预估功能的卖家。

4．ShipBob

适用地区：北美洲、欧洲。

功能特点：提供包括仓储在内的库存管理服务；支持两天内和次日达的配送服务；与多个电商平台无缝对接；提供详尽的库存和订单管理报告。

适用卖家：适合在北美洲和欧洲市场有较大业务量的卖家，特别是需要仓储和快速配送服务的卖家。

二、各跨境物流管理软件的操作指南

（一）ShipStation

1．注册和登录

（1）访问 ShipStation 官网，点击"Sign Up"进行注册。

（2）填写注册信息，创建账户。

（3）登录账户，进入主界面。

2．绑定电商平台

（1）在主界面点击"Settings"。

（2）选择"Selling Channels"，然后点击"Connect a Store or Marketplace"。

（3）选择亚马逊、eBay 或 Shopify 等电商平台，按照提示完成授权绑定。

3．订单管理

（1）在主界面点击"Orders"查看所有订单。

（2）点击任一订单，即可查看其详细信息，包括客户信息、产品信息和物流信息。

（3）使用界面上的操作按钮，可以进行订单处理、打印发货标签、更新订单状态等操作。

4．库存管理

（1）在主界面点击"Inventory"。

（2）选择"Products"查看所有产品的库存情况。

（3）可以手动更新库存数量，也可以设置自动同步功能，实时更新库存。

5．物流追踪

（1）在主界面点击"Shipments"。

（2）选择"Tracking"查看所有发货的物流信息。

（3）输入运单号，即可实时追踪货物的位置和状态。

（二）AfterShip

1．注册和登录

（1）访问 AfterShip 官网，点击"Get Started"进行注册。

（2）填写注册信息，创建账户。

（3）登录账户，进入主界面。

2．绑定电商平台

（1）在主界面点击"Apps"。

（2）选择"Integrations"，然后点击"Add a Store"。

（3）选择电商平台，按照提示完成授权绑定。

3．订单管理

（1）在主界面点击"Dashboard"查看所有订单。

（2）点击任一订单，即可查看其详细信息，包括客户信息和物流信息。

（3）可以批量处理订单，导出订单数据。

4．物流追踪

（1）在主界面点击"Tracking"。

（2）输入运单号，系统会自动识别物流公司并提供实时追踪信息。

（3）可以设置物流状态通知，及时了解货物的动态。

5．客户通知

（1）在主界面点击"Notifications"。

（2）选择"Email"或"SMS"设置客户通知模板。

（3）设置通知的触发条件，如发货、派送、签收等节点。

（三）Easyship

1．注册和登录

（1）访问 Easyship 官网，点击"Sign Up"进行注册。

（2）填写注册信息，创建账户。

（3）登录账户，进入主界面。

2．绑定电商平台

（1）在主界面点击"Connect"。

（2）选择电商平台，然后点击"Connect Store"。

（3）按照提示完成授权绑定。

3．运费计算

（1）在主界面点击"Rates"。

（2）输入发货地和目的地信息，系统将自动计算运费并展示多种物流方案。

（3）选择一个合适的物流方案，确认运费。

4．订单管理

（1）在主界面点击"Orders"查看所有订单。

（2）点击任一订单，即可查看其详细信息，包括客户信息、产品信息和物流信息。

（3）使用界面上的操作按钮，可以执行订单处理、打印发货标签、更新订单状态等操作。

5．物流追踪

（1）在主界面点击"Shipments"。

（2）选择"Tracking"查看所有发货的物流信息。

（3）输入运单号，即可实时追踪货物的位置和状态。

（四）ShipBob

1．注册和登录

（1）访问 ShipBob 官网，点击"Get Started"进行注册。

（2）填写注册信息，创建账户。

（3）登录账户，进入主界面。

2．绑定电商平台

（1）在主界面点击"Integrations"。

（2）选择电商平台，然后点击"Connect Store"。

（3）按照提示完成授权绑定。

3．库存管理

（1）在主界面点击"Inventory"。

（2）选择"Products"查看所有产品的库存情况。

（3）可以手动更新库存数量，也可以设置自动同步功能，实时更新库存。

4．订单管理

（1）在主界面点击"Orders"查看所有订单。

（2）点击任一订单，即可查看其详细信息，包括客户信息、产品信息和物流信息。

（3）使用界面上的操作按钮，可以执行订单处理、打印发货标签、更新订单状态等操作。

5．物流追踪

（1）在主界面点击"Shipments"。

（2）选择"Tracking"查看所有发货的物流信息。

（3）输入运单号，即可实时追踪货物的位置和状态。

遵循以上各款跨境物流管理软件详细的操作指南，卖家可以更高效地管理国际物流流程，确保货物顺利、安全地送达客户手中。选择合适的软件，并熟练操作，将极大提升跨境电商业务的效率和客户满意度。

9.3 支付与结算系统集成指南

支付与结算系统是跨境电商实现资金流转的关键环节，集成支付与结算系统意味着将支付处理功能融入现有业务系统或平台，实现交易过程的自动化和简化。一个高效、安全的支付与结算系统不仅能提高交易的成功率，还能提升客户的购物体验。以下是为中国跨境电商卖家准备的支付与结算系统集成指南，旨在帮助卖家选择合适的支付工具并实现系统集成。

一、常见的支付与结算系统

卖家要选择适合的支付与结算系统。在选择时，卖家需要考虑目标市场、交易费用、安全性及与电商平台的兼容性。以下是几款常见的支付与结算系统及其适用的市场地区的分类说明。

1．PayPal

适用地区：全球。

功能特点：支持多种货币和跨境支付；提供买家保护和卖家保护；交易费用透明；适合小型和中型卖家；与多平台无缝集成，包括亚马逊、eBay、Shopify 等。

适用卖家：适合在全球范围内运营的卖家，特别是需要快速、安全跨境支付的卖家。

2．Stripe

适用地区：北美洲、欧洲、亚太地区。

功能特点：支持多种支付方式，包括信用卡、借记卡和银行转账；提供详细的交易数据和分析报告；提供可定制化的 API，适合有技术能力的卖家进行深度集成。

适用卖家：适合在北美洲、欧洲和亚太地区运营的卖家，特别是需要定制化支付解决方案的卖家。

3．Alipay

适用地区：中国及全球。

功能特点：支持人民币结算，适合中国的卖家和消费者；提供二维码支付和跨境支付服务；与阿里巴巴和其他中国电商平台无缝集成。

适用卖家：适合中国卖家，特别是面向中国市场和全球华人市场的卖家。

4．WorldFirst

适用地区：全球。

功能特点：提供多币种账户，方便跨境电商收款；低汇率转换费用，降低跨境交易成本；安全性高，资金转移速度快。

适用卖家：适合全球范围内有大规模交易需求的卖家，特别是需要多币种账户和低汇率转换费用的卖家。

二、各支付与结算系统集成指南

（一）PayPal

1．注册和登录

（1）访问 PayPal 官网，点击 "Sign Up" 进行注册。

（2）选择 "Business Account"，填写注册信息。

（3）完成账户验证并绑定银行账户。

2．绑定电商平台

（1）登录电商平台的后台管理界面。

（2）找到支付设置选项，选择 PayPal 作为支付方式。

（3）按照提示输入 PayPal 账户信息并完成授权。

3．设置支付选项

（1）在 PayPal 后台管理界面点击 "Settings"。

（2）选择 "Payment Preferences"。

（3）设置默认货币种类、支付选项和支付通知方式。

4．管理交易

（1）在 PayPal 后台管理界面点击 "Activity" 查看所有交易记录。

（2）可以导出交易记录进行财务报表分析。

（3）处理退款、争议和客户服务请求。

（二）Stripe

1．注册和登录

（1）访问 Stripe 官网，点击 "Start Now" 进行注册。

（2）填写注册信息，创建账户。

（3）完成账户验证并绑定银行账户。

2．绑定电商平台

（1）登录电商平台的后台管理界面。

（2）找到支付设置选项，选择 Stripe 作为支付方式。

（3）按照提示输入 Stripe API 密钥并完成授权。

3．设置支付选项

（1）在 Stripe 后台管理界面点击 "Settings"。

（2）选择 "Payment Methods"。

（3）设置接受的支付方式、货币类型和支付通知方式。

4．管理交易

（1）在 Stripe 后台管理界面点击 "Payments" 查看所有交易记录。

（2）使用 "Reports" 功能导出交易数据进行财务分析。

（3）处理退款、争议和客户服务请求。

（三）Alipay

1．注册和登录

（1）访问 Alipay 商家服务官网，点击 "Sign Up" 进行注册。

（2）填写商家信息，创建账户。

（3）完成账户验证并绑定银行账户。

2．绑定电商平台

（1）登录电商平台的后台管理界面。

（2）找到支付设置选项，选择 Alipay 作为支付方式。

（3）按照提示输入 Alipay 账户信息并完成授权。

3．设置支付选项

（1）在 Alipay 后台管理界面点击"Settings"。

（2）选择"Payment Preferences"。

（3）设置接受的支付方式和支付通知方式。

4．管理交易

（1）在 Alipay 后台管理界面点击"Transactions"查看所有交易记录。

（2）导出交易记录进行财务分析和报表制作。

（3）处理退款、争议和客户服务请求。

（四）WorldFirst

1．注册和登录

（1）访问 WorldFirst 官网，点击"Open an Account"进行注册。

（2）填写商家信息，创建账户。

（3）完成账户验证并绑定银行账户。

2．绑定电商平台

（1）登录电商平台的后台管理界面。

（2）找到支付设置选项，选择 WorldFirst 作为支付方式。

（3）按照提示输入 WorldFirst 账户信息并完成授权。

3．设置支付选项

（1）在 WorldFirst 后台管理界面点击"Settings"。

（2）选择"Payment Preferences"。

（3）设置接受的支付方式和支付通知方式。

4．管理交易

（1）在 WorldFirst 后台管理界面点击"Transactions"查看所有交易记录。

（2）导出交易记录进行财务分析和报表制作。

（3）处理退款、争议和客户服务请求。

遵循以上各款支付与结算系统详细的操作指南，卖家可以更高效地管理跨境电商的支付和结算流程，确保资金流转的顺畅、安全。选择合适的支付系统，并熟练操作，将极大提升跨境电商业务的效率和客户满意度。

9.4 数据分析工具与其操作指南

在跨境电商业务中，数据分析工具是提高运营效率、优化业务决策的重要手段。利用这些工具，卖家可以深入分析销售数据、市场趋势、客户行为等，从而制定更精准的营销策略，提升整体业绩。

一、常见的数据分析工具

卖家要选择合适的数据分析工具。在选择时，卖家需要考虑数据分析工具功能的全面性、易用性、数据安全性和与电商平台的兼容性。以下是几款常见的数据分析工具及其特点的简要介绍。

1. Google Analytics

功能特点：提供详细的流量分析、用户行为分析和转化率分析；支持多平台数据集成，包括网站、电商平台、社交媒体等；提供丰富的报表和可视化工具。

适用卖家：适合需要全面分析网站和电商平台流量的卖家，尤其是重视用户行为分析和转化率优化的卖家。

2. Shopify Analytics

功能特点：提供销售分析、客户分析和产品分析；与 Shopify 平台无缝集成，数据实时更新；支持自定义报表和数据导出。

适用卖家：适合使用 Shopify 平台的卖家，特别是需要实时监控销售数据和客户行为的卖家。

3. Tableau

功能特点：提供强大的数据可视化功能，支持多种数据源的集成；支持交互式仪表板和自定义报表；提供丰富的数据分析模型和预测功能。

适用卖家：适合需要高级数据可视化和复杂数据分析的卖家，特别是有专业数据分析团队的卖家。

4．Microsoft Power BI

功能特点：提供全面的数据可视化和分析功能，支持多种数据源的集成；支持自定义仪表板和报表；提供强大的数据建模和预测功能。

适用卖家：适合需要全面的数据分析和可视化解决方案的卖家，特别是使用微软生态系统的卖家。

二、各数据分析工具的操作指南

（一）Google Analytics

1．注册和登录

（1）访问 Google Analytics 官网，点击"Start for free"进行注册。

（2）使用 Google 账户登录，创建新的分析账户。

（3）完成网站或电商平台跟踪代码的安装。

2．数据分析

（1）登录 Google Analytics 后台，选择需要分析的网站或电商平台。

（2）点击"Audience"查看用户分析，包括用户数量、访问次数、停留时间等。

（3）点击"Acquisition"查看流量来源分析，了解用户访问网站的渠道。

（4）点击"Behavior"查看用户行为分析，了解用户在网站上的行为轨迹。

（5）点击"Conversions"查看转化率分析，了解用户的转化路径和转化率。

3．报表制作

（1）登录 Google Analytics 后台，点击"Customization"。

（2）选择"Custom Reports"创建自定义报表。

（3）选择报表类型，添加需要分析的维度和指标。

（4）设置报表的过滤条件，生成报表。

（5）导出报表并分享给团队成员。

（二）Shopify Analytics

1．登录和数据查看

（1）登录 Shopify 后台管理界面。

（2）点击"Analytics"查看数据分析仪表板。

2．销售分析

（1）在"Analytics"页面，选择"Reports"。

（2）查看"Sales"报表，分析销售数据，包括总销售额、订单数量、平均订单金额等。

（3）查看"Product"报表，分析各产品的销售情况，包括销量、销售额和退货率等。

3．客户分析

（1）在"Analytics"页面，选择"Reports"。

（2）查看"Customers"报表，分析客户数据，包括新客户数量、回头客比例、客户终身价值等。

4．报表制作

（1）在"Analytics"页面，选择"Reports"。

（2）点击"Create report"创建自定义报表。

（3）选择报表类型，添加需要分析的维度和指标。

（4）设置报表的过滤条件，生成报表。

（5）导出报表并分享给团队成员。

（三）Tableau

1．注册和登录

（1）访问 Tableau 官网，点击"Try Now"进行注册。

（2）下载并安装 Tableau 软件，然后使用注册账户登录。

2．数据导入

（1）打开 Tableau，选择"Connect"。

（2）选择数据源，导入需要分析的数据。

3．数据分析

（1）在 Tableau 界面，选择需要分析的数据表。

（2）拖拽维度和指标到工作区，创建数据可视化。

（3）使用"Show Me"工具选择合适的图表类型。

（4）设置过滤条件以细化数据分析。

4．报表制作

（1）在 Tableau 界面，点击"Worksheet"创建新的工作表。

（2）拖拽维度和指标到工作区，创建所需的图表和报表。

（3）点击"Dashboard"创建仪表板，拖拽多个工作表到仪表板中。

（4）设置仪表板布局，添加交互式功能。

（5）导出报表并分享给团队成员。

（四）Microsoft Power BI

1．注册和登录

（1）访问 Microsoft Power BI 官网，点击"Try free"进行注册。

（2）下载并安装 Power BI Desktop 软件，然后使用注册账户登录。

2．数据导入

（1）打开 Power BI Desktop，选择"Get Data"。

（2）选择数据源，导入需要分析的数据。

3．数据分析

（1）在 Power BI 界面，选择需要分析的数据表。

（2）拖拽维度和指标到画布，创建数据可视化。

（3）使用"Visualizations"工具选择合适的图表类型。

（4）设置过滤条件以细化数据分析。

4．报表制作

（1）在 Power BI 界面，点击"Report View"创建新的报表。

（2）拖拽维度和指标到画布，创建所需的图表和报表。

（3）设置报表布局，添加交互式功能。

（4）导出报表并分享给团队成员。

遵循以上各款数据分析工具详细的操作指南，卖家可以更高效地完成数据分析和报表制作，从而提高业务决策的准确性和效率。选择合适的工具，并熟练操作，将极大提升跨境电商业务的运营能力和竞争力。

第十章

案例分析与实战经验

10.1 成功案例分享：以 SHEIN 为例看亚马逊打造爆款的五要素

许多卖家在讨论选品、优化、亚马逊运营和打造爆款时，常常感到信息泛滥无从下手。为了帮助卖家提高站位，本节将以 SHEIN 店铺为例进行分析，展示其如何运用选品、Listing 优化、推广、FBA 配送和价格五大要素，成功打造出多个 Best Seller（畅销商品）的。

一、店铺概况

SHEIN 是一家知名的中国饰品品牌，其在亚马逊上拥有丰富的产品线，且多款产品成为 Best Seller。在一段时间内，该品牌每月平均收到的顾客反馈数量超过 3500 条。根据亚马逊消费者的评价习惯，这相当于日均销售约为 14000 单，年度销售额达到数亿元人民币。

二、产品构成

SHEIN 的产品主要包括项链、耳环、手链、戒指等各类饰品，以及时尚配件，如太阳镜、围巾等。

三、精品化运营

（一）精品化运营思路

1．高品质的产品

在亚马逊平台上，提供高品质的产品是赢得消费者青睐的关键。相较于 eBay 之类的其他平台，美国消费者对亚马逊的认知，可能更接近我们对京东或天猫的认知，他们对高品质有着基本的期望。对于卖家而言，只有高质量的产品才能满足这种期望，进而获得好评和高回购率。

2．适中的价格

在选品时，价格的适中非常重要。价格过高可能会限制消费者群体，降低销售量；而价格过低则可能导致利润微薄，难以覆盖运营成本。选品时应避免极端价格，选择一个适中且具有竞争力的价格区间，这样既能保证销量，又能保持合理的利润空间。

3．精准的选品

精品化运营强调在选品上的专业化和精细化。卖家应专注于特定领域，深入挖掘细分市场，打造自己的绝对优势。例如，SHEIN 专注于时尚饰品领域，通过深耕这一细分市场，不断提升产品质量和设计，形成了强大的品牌壁垒。

（二）精品化运营成效的数据展示

1．高品质的产品

统计数据显示，SHEIN 的高品质产品在消费者中的满意度超过 95%，产品好评率达到 4.7 星（满分 5 星）。这种高水平的产品质量不仅提升了品牌形象，还提升了客户的忠诚度和回购率。

2．适中的价格

SHEIN 在定价策略上追求适中和合理。数据显示，SHEIN 的产品平均售价在 20 美元左右，这既能保证广泛的市场覆盖，又能保持较高的利润。通过适中的价格策略，SHEIN 成功地扩大了消费群体，提高了销售额。

3．精准的选品

通过专注于时尚饰品领域，深入挖掘市场需求，AHEIN 推出了一系列畅销产品。数据显示，SHEIN 的饰品类目占据了亚马逊同类产品市场份额的 20% 以上，SHEIN 也成为该领域的领先品牌。通过专精的筛选策略，SHEIN 在市场中建立了绝对的竞争优势。

四、Listing 优化

在 Listing 优化方面，SHEIN 做到了细致入微。每一条 Listing 都制作得非常精致，且产品图片清晰、大气，标题中融入了关键词并突出了产品特色。高质量的 Listing 不仅能够吸引更多的点击量，还能有效提高转化率。

五、推广策略

成功的爆款离不开有效的推广。SHEIN 在推广方面投入了大量资源，不仅利用了站内广告，还通过站外推广吸引流量。

站内广告：SHEIN 运用亚马逊的 Sponsored Products（付费产品广告）、Headline Search Ads（标题搜索广告）和 Product Display Ads（产品展示广告），增加产品曝光率，以吸引更多的潜在客户。

站外推广：通过社交媒体、博客合作以及网红营销，SHEIN 扩大了品牌知名度，吸引了大量消费者的关注。

六、FBA 配送

为了提高物流效率和客户满意度，SHEIN 采用了亚马逊的 FBA 服务。利用 FBA，SHEIN 能够提供快速且可靠的配送服务，显著改善了客户的购物体验，从而提高了店铺的整体评分和销量。

七、价格策略

价格策略是 SHEIN 成功的另一关键因素。运用合理的定价策略，SHEIN 在保持利润的同时，又能吸引大量消费者。定期的促销和折扣活动进一步提高了产品的竞争力。

八、多账号运营策略

SHEIN 在亚马逊上的成功还得益于其实施的多账号运营策略。通过不同账号运营同一品牌，SHEIN 能够有效降低运营风险，提高整体竞争力。

1．多账号运营的优势

分散风险：多个账号分散了运营风险，避免了因单一账号问题而造成的整体损失。

协同效应：不同账号可以协同合作，相互补充库存，避免因单一账号断货而造成的销售损失。

市场覆盖：多账号运营可以覆盖更广泛的市场，提高品牌的整体曝光率和市场占有率。

2．具体操作

SHEIN 通过创建多个独立运营的账号，确保各账号之间没有关联。这些账号分别负责不同的产品线或市场区域，既保证了品牌的整体一致性，又提高了运营的灵活性和效率。

通过对 SHEIN 的案例分析，我们可以看到，成功的亚马逊店铺运营离不开精品化的运营（高品质的产品、适中的价格、精准的选品）、优化的 Listing、有效的推广、可靠的 FBA 配送和合理的价格策略。同时，多账号运营策略也为品牌提供了更出色的灵活性和抗风险能力。希望这一案例分析能为其他卖家提供有益的借鉴，帮助他们在亚马逊平台上取得更大的成功。

10.2 运营中的常见问题及解决方案

在亚马逊平台上运营店铺的过程中，卖家们常常会遇到各种问题。以下是一些常见问题及相应的解决方案。

一、产品审核未通过

问题描述：卖家提交的新产品 Listing 可能因各种原因未能通过亚马逊的审核，例如违反亚马逊的政策、描述不当或图片不符合要求。解决方案如下。

1．仔细阅读亚马逊的政策

（1）在发布产品前，认真阅读亚马逊的产品政策和分类指南，确保所有内容都符合要求。

（2）关注亚马逊定期更新的政策变化，确保 Listing 内容始终合规。

2．优化产品描述和图片

（1）确保产品描述准确、详细，不包含误导性信息。

（2）产品图片需清晰、高分辨率，背景应为纯白色，产品应占图片面积的 80% 以上。

（3）避免在图片上添加过多文字或 Logo，遵循亚马逊的图片规范。

3．提供必要的证明文件

（1）如果产品属于需要审核的类目，如医疗用品、婴儿用品等，需提前准备好必要的文件和证明材料，如合格证书、检测报告等。

（2）上传文件时，确保文件清晰、完整，能够充分证明产品的合法性和安全性。

4．与亚马逊支持团队沟通

（1）如果产品审核未通过，卖家可以通过卖家中心联系亚马逊支持团队，了解具体未通过的原因，并根据反馈进行修改。

（2）提供详细的解释和证明文件，确保亚马逊支持团队能够清楚了解产品的合规性。

二、广告效果不佳

问题描述：卖家投入了大量资金做站内广告，但未能达到预期效果，转化率低。解决方案如下。

1．优化广告关键词

（1）使用亚马逊的广告报告工具分析现有关键词的表现，找出点击率和转化率较低的关键词。

（2）进行关键词研究，找出相关性高、竞争较低的长尾关键词，并将其加入广告活动中。

2．调整广告策略

（1）根据广告效果调整竞价策略。对于表现优异的关键词可以适当提高竞价，对于效果不佳的关键词可以降低竞价或暂停。

（2）采用多种广告形式，如 Sponsored Products（赞助产品）、Sponsored Brands（推广品牌）和 Sponsored Display（推广展示），以扩大覆盖面。

3．提高 Listing 质量

（1）确保产品 Listing 的图片、标题和描述都优化到位，以吸引潜在客户点击并购买。

（2）定期更新 Listing 内容，根据客户反馈和市场趋势进行调整，以提高整体转化率。

4．测试和迭代

（1）定期测试不同的广告组合和策略，分析数据以找出最佳实践。

（2）根据测试结果持续优化广告活动，以提高投资回报率。

三、账号被封

问题描述：由于违反亚马逊的政策，卖家账号可能会被封禁，影响店铺的正常运营。解决方案如下。

1．严格遵守亚马逊的政策

（1）确保所有操作都符合亚马逊的政策和规定，避免因违规行为导致账号被封。

（2）及时关注亚马逊政策的更新，确保店铺运营始终符合最新规定。

2．及时申诉

（1）如果账号被封，首先查找亚马逊发送的通知邮件，了解被封的具体原因。

（2）登录卖家中心，查看 Performance Notifications（绩效通知），了解具体的违规情况。

（3）准备申诉材料，包括一份详细的申诉信（Appeal Letter），解释违规原因，展示将采取的改正措施，并承诺未来不会再发生类似问题。

（4）通过卖家中心提交申诉请求，并耐心等待亚马逊的回复。

3．建立备用账号

（1）在符合亚马逊规定的情况下，可以考虑建立备用账号，以防主账号被封而导致业务中断。

（2）确保备用账号与主账号没有关联，避免被亚马逊识别为关联账号，导致同时被封的情况出现。

四、价格战

问题描述：在竞争激烈的市场中，价格战会导致利润率大幅下降，影响店铺的盈利能力。解决方案如下。

1．差异化竞争

（1）提升产品质量，提供优质的服务和独特的品牌体验，避免陷入单纯的价格竞争。

（2）强调产品的独特卖点和优势，利用品牌故事和优质的客户体验来吸引消费者。

2．优化成本结构

（1）通过优化供应链管理和提高运营效率来降低产品成本，提升利润空间。

（2）与供应商建立长期合作关系，争取获得更优惠的采购价格。

3．定期促销

（1）通过限时促销活动吸引客户，提高销售额，同时避免长期价格战带来的负面影响。

（2）采用组合销售、发放折扣券等多种促销方式，在增加销售额的同时保持合理利润。

10.3 实战中的运营技巧推动不同单价产品成为爆款

在第三章中，我们大致了解了打造爆款的基本策略。但是，在实际的操作中，我们需要根据不同的产品单价采用不同的推广策略。以下将详细介绍推动低价和高价产品成为爆款的具体方法。

一、推动低价的产品成为爆款

1. 原因

对于许多中小卖家而言，低价产品是吸引初始客户、积累销售数据和提升产品排名的重要手段。在价格敏感的市场中，低价产品通常面临激烈的竞争。通过超低价格策略，可以迅速吸引大量消费者下单，从而提高 Listing 的权重和排名。更高的排名将带来更多自然流量和订单，形成良性循环。

2. 方法

（1）初期超低定价的策略

超低定价：将产品价格设定为市场上最低，以吸引初始订单。例如，竞争对手的一个产品定价为 20 美元，自己则可以将其定价为 10～12 美元，以确保产品能迅速吸引客户。

亏本营销：故意以低于成本的价格销售产品，以快速提升产品销量和排名。例如，在第一个月，以低于成本的价格销售产品，虽亏损 2000 美元，但 Listing 排名上升至类目前十名。

（2）逐步提高价格的策略

小幅度调整：每周或每两周小幅提高价格（如每次增加 1～2 美元），同时观察销量和排名的变化。例如，第二月将价格从 10 美元提高到 12 美元，第三月提高到 15 美元。

客户保留策略：通过提供额外优惠（如第二次购买优惠、捆绑销售）来保留老客户，同时吸引新客户。例如，老客户可以享受额外降低 5% 的折扣，新客户购买两个产品可以打 8 折。

☞ 案例

一家专注于电子配件的品牌在推广一款 USB 充电线时，初期定价为 7.99 美元，比市场平均价格低 50%。在最初的两个月内，这款产品的销量迅速上升，每天销售 200 ～ 300 件。随着销量和排名的提升，公司逐步将价格提高至 12.99 美元，并推出了买二送一的促销活动，成功维持了客户的购买热情，并确保了销售额的持续稳定增长。

二、推动高价的产品成为爆款

由于高价产品的利润较高，而消费群体相对有限，因此需要加强品牌建设和投资高质量的广告，尤其是视频广告，以吸引目标客户。

（一）制作高质量的视频

1．视频的拍摄和制作

专业拍摄：雇佣专业摄影团队进行产品拍摄，确保视频达到高清画质和专业水准。例如，聘请专业团队拍摄 4K 分辨率的视频，展示产品的各个细节和使用场景。

视频内容：展示产品的核心功能、使用场景、客户评价和品牌故事。视频应简洁明了，抓住消费者的注意力。例如，展示一款高端咖啡机的制作过程、功能演示和客户好评。

2．视频内容设计

功能演示：展示产品的主要功能和使用方法，帮助消费者更好地了解产品。例如，详细展示咖啡机的不同制作模式和操作步骤。

使用场景：展示产品在实际使用中的场景，让消费者能够想象自己使用产品的情景。例如，拍摄用户在家庭厨房中使用咖啡机的场景，展示产品的便利性和高品质。

客户评价：加入客户的真实评价和反馈，增加产品的可信度。例如，展示几位用户对咖啡机的高度评价和推荐。

（二）吸引客户的高质量视频要求

1．时长

15～30秒是最佳视频长度，足以传达产品信息并吸引客户注意力。

2．内容政策

语言和文字：视频内容必须使用目标市场的官方语言和文字，如美国站使用英文，墨西哥站使用西班牙语。

真实性：所有明示和暗示的陈述都必须有证明支持，产品特性如安全性、性能、技术规格等的陈述必须真实准确。

与竞争对手对比：比较应严格准确，不得诽谤或贬低竞争对手。

价格和促销：不得包含价格或任何折扣信息，但可以使用宣传语，如"圣诞节最好的礼物"。

产品保修：只能提供制造商的保修信息，不得创建或修改保修信息。

客户评论：提及的客户评论必须准确无误，不得修改评论内容或曲解含义，提到的评论发表时间必须在一年以内。

3．教育性和示范性

视频内容应具有教育性、示范性，并以产品为导向。

4．展示产品

研究表明，视频在第一秒内突出展示产品通常效果更好。

5．优化格式和添加字幕

确保视频文件兼容多种设备和平台，以适应不同观众的需求；视频默认无声播放，需在屏幕上添加清晰易读的字幕。

👉 案例

一家高端厨房电器品牌在推广一款智能烤箱时，制作了高质量的视频广告。视频内容包括烤箱的多功能演示、不同食材的烘烤效果以及客户的真实反馈。通过精准投放视频广告，该品牌在两个月内实现了点击率提升20%，转化率提升15%的目标。在广告投放期间，这款智能烤箱的销量增长了50%，成功成为亚马逊的畅销商品。

10.4　失败案例与教训总结：从团队搭建、KPI和薪酬体系看问题

在亚马逊平台上，成功的运营不仅依赖有效的策略和执行，还需要有强有力的团队支撑和合理的管理机制。但是，许多卖家在团队搭建、KPI（Key Performance Indicator，关键绩效指标）设定和薪酬体系方面犯了严重的错误，导致运营失败。以下将通过具体案例分析这些失败的原因，并探讨如何提升运营效果。

一、团队搭建的方法

1．教训总结

缺乏专业技能：团队成员大多是新手，对亚马逊平台的规则和运营策略缺乏深入了解，致使运营过程中频繁出现错误。例如，产品 Listing 优化不到位、广告投放策略混乱，直接影响销售业绩。

沟通不畅：由于团队成员的背景和经验差异较大，缺乏有效的沟通机制，导致工作中信息传递不畅，协作困难。例如，产品推广与库存管理未能有效对接，致使推广活动无法充分发挥作用。

2．改进建议

引入专业人才：在组建团队时，应优先考虑让具有相关行业经验和专业技能的人才加入团队。例如，招聘具有丰富亚马逊运营经验的经理，确保团队能够有效执行运营策略。

加强培训和学习：定期组织团队成员参加专业培训和学习，提升整体业务能力。例如，邀请行业专家进行专题培训，帮助团队成员掌握最新的运营技巧和策略。

建立有效的沟通机制：通过定期会议和项目管理工具，确保团队成员之间的信息传递顺畅，提高协作效率。例如，使用 Trello 或 Asana 等项目管理工具，实时跟踪工作进展和任务分配。

二、KPI 设定

1．教训总结

过于重视短期目标：KPI 设定过于强调短期销售额和利润，导致团队成员采取激进的促销策略，忽视了产品质量和客户满意度。例如，为了完成销售目标，频繁打折促销，导致利润率下降，客户对品牌的信任度降低。

缺乏长期规划：未能将品牌建设、客户维护和市场拓展等长期目标纳入 KPI 考核，导致团队在日常运营中缺乏方向和动力。例如，忽视客户反馈和评价管理，导致产品好评下降，影响后续销售。

2．改进建议

平衡短期与长期目标：在设定 KPI 时，应综合考虑短期销售业绩和长期品牌建设。例如，将销售增长率和客户满意度同时作为 KPI 考核指标，确保团队在追求业绩的同时注重品牌形象和客户体验。

定期调整 KPI 设定：根据市场变化和业务发展情况，定期调整 KPI 设定，确保其与公司战略目标一致。例如，季度评估 KPI 完成情况，根据实际运营结果进行调整，确保团队工作方向正确。

给员工提供激励与支持：为了充分调动员工的积极性和创造力，公司应实施一系列激励措施。除了 KPI 考核外，还应通过培训、资源支持等方式，帮助团队成员提升业务能力，增强其完成 KPI 的信心。例如，提供专业培训和技术支持，帮助员工解决工作中遇到的问题。

三、薪酬体系

1．教训总结

薪酬不具竞争力：薪酬水平未能与市场接轨，员工对薪酬满意度低，导致优秀人才流失。例如，运营经理的薪酬低于行业平均水平，无法吸引和留住高水平的运营人才。

绩效奖励缺乏：绩效考核与薪酬挂钩不明显，员工缺乏努力工作的动力。例如，销售团队没有明确的绩效奖励机制，无法激励员工提升销售业绩。

2．改进建议

采取市场化薪酬：定期对比行业薪酬水平，确保公司的薪酬体系具有竞争力。例如，每年进行市场薪酬调研，根据行业标准调整员工薪酬水平。

建立绩效奖励机制：建立明确的绩效考核和奖励机制，激励员工努力工作，提高业绩。例如，根据员工的 KPI 完成情况，设立奖金和提成制度，激励员工追求更高的业绩。

通过对以上失败案例进行分析和教训总结，我们可以看出，团队搭建、KPI 设定和薪酬体系在亚马逊运营中至关重要。合理的团队结构、科学的 KPI 考核和公平的薪酬体系能够有效提升团队的工作效率和积极性，推动公司业务稳定发展并取得成功。希望这些经验教训能为卖家提供借鉴，避免在运营过程中犯类似的错误。